2014
中国粮食生产水足迹与区域虚拟水流动报告

吴普特　王玉宝　赵西宁　著

中国农业出版社

内 容 提 要

　　本书阐述了2014年中国31个省级行政区、粮食产销区、八大粮食生产区、南北方地区不同空间尺度粮食生产、粮食生产水足迹及粮食虚拟水流动的变化状况，并与2013年进行了对比分析。重在揭示中国粮食的生产、粮食生产用水效率、粮食虚拟水流动的空间分异特征和变化情况。

　　本书数据丰富翔实，对不同区域及空间尺度粮食生产与消费、粮食生产用水效率与用水量、粮食调运及虚拟水流动情况进行详尽地阐述。可为从事农业、水利等专业的科技人员、管理人员及相关专业院校师生提供参考。

参编人员

操信春　河海大学

孙世坤　西北农林科技大学

阴亚丽　西北农林科技大学

刘　静　河海大学

刘　帝　西北农林科技大学

栾晓波　西北农林科技大学

王　鑫　西北农林科技大学

杨振亚　西北农林科技大学

张浩杰　西北农林科技大学

李笑雷　西北农林科技大学

周天娃　西北农林科技大学

柴成亮　西北农林科技大学

王雷明　西北农林科技大学

潘文祥　西北农林科技大学

Preface 前言

在多年从事节水农业科学研究与工程实践中，有一个非常深刻的体会与认识。即发展节水农业不仅仅是一个科学技术问题，或者说是一个工程实践问题，更重要的是还有一个水资源的管理问题，或者说是水土资源管理的问题，当然水资源的管理可能更为重要一些。所以，大家经常讲节水农业是一个复杂的系统工程。但以往我们对节水农业科学研究、技术研发，以及工程实践相对重视一些，而对农业水资源的管理重视不够。事实上，水管理问题在节水农业发展过程中的作用日见明显，甚至有专家估计农业节水潜力的50%在管理方面。当然这里所讲的管理是一个综合概念，包括发展节水农业的体制、机制与政策等多项内容。

基于此，近年来我们团队开始关注并重视这一问题，并探索将水足迹与虚拟水理论和方法引入到节水农业研究领域。几年来，我们结合农业水管理问题的实际与特点，在对水足迹计算方法修正的基础上，提出了粮食生产水足迹的概念与计算方法，分别对中国粮食生产水足迹时空演变、全球粮食生产水足迹时空变异，我国"北粮南运"所引起的农业虚拟水"北水南调"工程以及在大中型灌区粮食生产水足迹空间分异特征等进行了探索性研究；也初步提出通过制定区域农业水足迹控制标准，实施农业用水补偿机制，来实现农业用水的科学管理，配合国家实施最严格的水资源管理制度。为实现这一目标，我们从2013年开始出版《中国粮食生产水足迹与区域虚拟水流动报告》，先后出版了2010年、2011年、2012年和2013年年度报告，本期为2014年年度报告。值得庆幸的是，我们的研究报告引起了联合国粮农组织驻中国代表处的关注，也得到部分国内外同行的鼓励，这无疑为我们坚持此项工作提供了动力与安慰。我们切盼此项工作能够得到更多同行的关注，引起政府的重视，尤其是能为我国发展节水农业，以及实施最严格的水资源管理制度提供一定的参考。

本书在撰写过程中得到了中国水利水电科学研究院王浩院士的大力支持与热情鼓励，在此深表感谢。由于我们水平与认识所限，对有些问题的认识和判断还有待进一步深化，书中错误和不足之处恳请大家批评指正。

吴普特　王玉宝　赵西宁
2016年5月

编者注：本书中我国31个省级行政区特指中国大陆31个省、自治区、直辖市，未包括香港、澳门和台湾。

目录
CONTENTS

第一章 | 导论

　　本书阐述2014年粮食生产、粮食生产水足迹和区域虚拟水流动的空间差异，并与2013年进行比较，以探索中国粮食生产、水分（包括蓝水和绿水）生产效率、粮食虚拟水流动的区域特征及其变化，诠释水与粮食生产的关系。

一、2014年粮食生产特点

2014年，在党中央、国务院的高度重视和正确领导下，经过各级党委、政府和农业、水利等部门务实高效的工作，以及广大农民群众的辛勤劳动，粮食生产克服长江以南春末洪涝灾害，东北黄淮等地高温少雨夏伏旱突出、南方地区夏季洪涝灾害，华西、西南地区秋初洪涝灾害，以及沿海地区超强台风等灾害影响，中国粮食总产继续保持增长，实现了半个世纪以来的首次连续十一年增产。

粮食"十一连增"是在资源约束日益趋紧、生产成本持续上升、国内外价差逐步拉大、国内库存日益增加、灾害多发重发以及长期粗放经营导致资源与生态环境超出承载能力等背景下取得的。"十一连增"向国内外彰显了我国农业的综合生产能力和国家的基础实力，见证了农业科技支撑的创新自觉；使我国谷物基本自给、口粮绝对安全，实现把饭碗牢牢端在自己手上，不仅有力保障了我国粮食安全，为抑制物价过快上涨，保持经济平稳较快发展提供了有力支撑，也为保障世界粮食安全、维护粮食市场稳定作出了重要贡献。

（1）粮食播种面积稳定增加。

2014年粮食播种面积11272.25万hm^2，较2013年增加76.69万hm^2，增幅0.69%。

（2）粮食单产略有提高。

2014年粮食平均单产5385.14kg/hm^2，较2013年提高8.55kg/hm^2，增幅0.16%。

（3）人均粮食占有量增加。

2014年人均粮食占有量为445.54kg，较2013年增加1.36kg，增幅0.31%。

（4）粮食总产连续第十一年增产。

2014年粮食总产60702.6万t，较2013年增产508.6万t，增幅0.84%。

（5）产销区粮食生产差异明显。

2014年粮食主产区、主销区和平衡区的粮食产量分别为46021.3万t、3320.7万t和11360.6万t，分别占全国总产的75.81%、5.47%及18.72%。

与2013年相比，产销区粮食产量均有一定的增长，主产区增量最大，为257.8万t；平衡区增幅最大，为1.98%。

（6）区域粮食生产差异显著。

2014年黄淮海地区和东北地区粮食产量之和超过了全国总产量的50%；黄淮海地区、东北地区和长江中下游地区粮食产量之和超过了全国总产量的70%；全国近90%的粮食来源于黄淮海地区、东北地区、长江中下游地区、西南地区和西北地区5个区域。

与2013年相比，除华北地区和东北地区粮食产量有所下降外（降幅分别为0.82%和1.66%），其他地区均有一定的增长，其中黄淮海地区和长江中下游地区增量较大，分别为258.4万t和253.5万t，增幅分别为1.53%和2.31%；粮食增产超过100万t的地区还有西南地区。

（7）南北方粮食生产差距大。

2014年北方地区的粮食产量为33835.4万t，占全国总产的55.74%；南方地区产量为26867.2万t，占全国总产的44.26%。与2013年相比，2014年北方地区粮食产量减少86.3万t，降幅0.25%；南方地区粮食产量增加594.9万t，增幅2.26%。2014年，北方粮食产量比南方高出6968.2万t，南北方粮食生产差距大。

二、2014年粮食生产水足迹特点

依据2014年全国水利发展统计公报，2014年全国平均降水量622.3mm，与常年值基本持平，较2013年减少5.98%；全国蓝水资源总量26263.9亿m³，比常年值偏少1.7%，较2013年减少6.06%；全国蓝水总用水量6095.0亿m³，比2013年减少88.4亿m³，其中农业用水3869.0亿m³，占总用水量的63.5%，与2013年比较，减少52.5亿m³。2014年新增农田有效灌溉面积164.8万hm²，全国有效灌溉面积达到6454.0万hm²。

粮食生产水足迹可反映粮食生产中蓝水和绿水的利用效率，粮食水足迹可反映区域粮食生产中消耗的蓝水和绿水资源量。

（1）粮食生产水足迹有所降低。

2014年中国粮食生产水足迹为1.120m³/kg，较2013年降低2.32%；其中蓝水为0.468m³/kg，减小1.23%；绿水为0.652m³/kg，减小3.16%。

（2）粮食水足迹有所下降。

2014年中国粮食水足迹为6799.7亿m³，较2013年减少1.49%；其中蓝水为2844.3亿m³，减小0.27%；绿水为3955.4亿m³，减小2.35%。

（3）产销区粮食生产水足迹差异显著。

2014年主产区、主销区和平衡区的粮食生产水足迹分别为1.022m³/kg、1.701m³/kg和1.349m³/kg。表明主产区水分利用效率最高，主销区最低，平衡区介于二者之间。

与2013年相比，2014年各类型区粮食生产水足迹均有所降低，其中主销区减量和降幅均最大，分别为0.110m³/kg和6.06%；主产区减量和降幅均最小，分别为0.019m³/kg和1.83%。

（4）产销区粮食水足迹差异明显。

2014年主产区粮食水足迹为4702.0亿m³，占全国的69.15%，其中蓝水为1846.9亿m³、绿水为2855.1亿m³；平衡区粮食水足迹为1532.8亿m³，占全国的22.54%，其中蓝水为679.6亿m³、绿水为853.2亿m³；主销区粮食水足迹为564.9亿m³，占全国的8.31%，其中蓝水为317.8亿m³、绿水为247.1亿m³。表明经济欠发达的主产区因粮食生产消耗了大量的蓝水和绿水资源。

与2013年相比，2014年各类型区粮食水足迹较2013年均有所减少。主产区减量最大，为60.7亿m³，降幅1.27%；主销区降幅最大，为5.19%，减量为30.9亿m³。

（5）区域粮食生产水足迹差异显著。

2014年华南地区粮食生产水足迹最大，为2.071m³/kg；其次为东南地区和西北地区，分别为1.420m³/kg和1.312m³/kg；长江中下游地区和西南地区分别为1.239m³/kg和1.194m³/kg，略大于全国平均值1.120m³/kg；东北地区、黄淮海地区和华北地区粮食生产水足迹低于全国平均水平，分别为1.086m³/kg、0.830m³/kg和0.716m³/kg。表明丰水的华南地区和东南地区、干旱的西北地区水分利用效率较低。

与2013年相比，除长江中下游地区和西北地区粮食生产水足迹略有增加外，其他6个区域粮食生产水足迹均有所下降。华北地区和华南地区减量和降幅较大，减量分别为0.175m³/kg和0.128m³/kg；降幅分别为19.64%和5.82%。

（6）区域粮食水足迹差异显著。

2014年东北地区、黄淮海地区和长江中下游地区粮食水足迹大于1000亿m³，其中东北地区最大，为1550.3亿m³，其次是黄淮海地区和长江中下游地区，分别为1423.0亿m³和1390.6亿m³；粮食水足迹为500亿~1000亿m³的有西南地区、华南地区和西北地区；小于500亿m³的地区有东南地区和华北地区。东北地区、黄淮海地区和长江中下游地区三者之和超过了全国总量的60%。粮食蓝水足迹最大的是长江中下游地区，为653.3亿m³；其次是东北地区，为634.0亿m³。粮食绿水足迹最大的是黄淮海地区，为990.3亿m³；其次是东北地区，为916.3亿m³。表明粮食生产耗水量在地域上较为集中，缺水区域更重视对绿水的利用。

与2013年相比，长江中下游地区、西南地区、西北地区和东南地区粮食水足迹略有增加，其他地区有所下降。长江中下游地区增量与增幅均最大，分别为58.1亿m³和4.36%。东北地区减量最大，为107.8亿m³；华北地区降幅最大，为20.30%。

（7）南北方粮食生产水足迹差异显著。

2014年北方地区粮食生产水足迹为0.948m³/kg，其中蓝水为0.394m³/kg，绿水为0.554m³/kg；南方地区粮食生产水足迹为1.337m³/kg，其中蓝水为0.562m³/kg，绿水为0.775m³/kg。北方地区粮食生产水足迹低于南方地区，表明北方地区水分利用效率高于南方地区。

与2013年相比，2014年南北方粮食生产水足迹均有所减少，其中北方地区减量与降幅均较大，减量为0.044m³/kg，降幅为4.46%。

（8）南北方粮食水足迹差距更加明显。

2014年北方、南方地区粮食水足迹分别为3206.7亿m³和3593.0亿m³，分别占全国的47.35%和52.65%，其中粮食蓝水足迹分别为1333.8亿m³和1510.5亿m³，分别占全国的47.16%和52.84%。粮食绿水足迹分别为1872.9亿m³和2082.5亿m³，分别占全国的46.90%和53.10%。中国北方地区粮食产量较南方大，而消耗的水资源量却较少。

与2013年相比，2014年北方地区粮食水足迹有所减少，减量为156.2亿m³，降幅为4.64%；南方地区有所增加，增量为53.3亿m³，增幅为1.51%。南北方粮食水足迹差距更加明显。

三、2014年区域粮食虚拟水流动特点

粮食生产与消费在空间上的不匹配是造成中国区域之间粮食调运的主要原因。2014年，我国粮食生产由经济发达地区向欠发达地区、由南方向北方地区转移与集中的趋势仍非常明显；而由于城镇化的发展和经济收入等因素的驱动，人口也正由经济欠发达地区向经济相对发达地区，由北方地区向南方地区转移与集中，这种人口转移特征更加推动了我国区域之间的粮食调运从经济欠发达地区输出到经济相对发达地区，从北方地区调出到南方地区。粮食生产在地域上的集中，有利于区域产业带的形成与规模优势的发挥，但同时，由于粮食的调运，"内嵌"于粮食产品中的虚拟水会随之流动。

（1）与2013年相比，2014年我国省级行政区之间粮食虚拟水流动总量减少，但虚拟蓝水流动量略微增加。

2014年中国省级行政区之间粮食调运量为11624.9万t，虚拟水流动量为1243.4亿m³，较2013年减少3.12%；其中虚拟蓝水流动量为502.7亿m³，较2013年增加0.10%；虚拟绿水流动量为740.7亿m³，较2013年减少5.18%。

（2）与2013年相比，2014年我国产销区之间粮食虚拟水流动量有所降低。

2014年主产区粮食调出量为10613.4万t，粮食虚拟水流出量为1115.5亿m³；主销区的粮食调入量为8740.7万t，虚拟水流入量为935.0亿m³；平衡区粮食调入量为1872.7万t，虚拟水调入量为180.5亿m³。

与2013年相比，与2013年相比，各类型区虚拟水流动量均减少。主产区虚拟水流出量较2013年减少4.28%，其中蓝水减少1.0%，绿水减少6.16%；主销区虚拟水流入量减少2.41%，其中蓝水增加0.83%，绿水减少4.48%；平衡区虚拟水流入量减少12.92%，其中蓝水减少14.44%，绿水减少12.42%。

（3）区域之间虚拟水流动量差异显著。

2014年八大区域之间的粮食调运量为10870.0万t，粮食虚拟水流动量为1144.8亿m³，较2013年减少4.70%；其中虚拟蓝水流动量为462.8亿m³，较2013年减少1.09%；虚拟绿水流动量为710.0亿m³，较2013年减少6.92%。

东北地区和黄淮海地区是我国主要虚拟水输出地区，占全国的99.23%；华南和东南地区为主要虚拟水输入区，占全国的73.35%。区域之间虚拟水流动量差异显著。

（4）南北方之间虚拟水流动量有所减少，其中虚拟绿水流动量降幅较大。

2014年中国北方向南方的粮食调运量为8265.4万t，粮食虚拟水流动量为867.0亿m³，较2013年减少8.03%；其中虚拟蓝水流动量为361.7亿m³，较2013年减少3.07%；虚拟绿水流动量为505.3亿m³，较2013年减少11.26%。

第二章│粮食生产

　　2014年中国粮食播种面积11272.25万hm^2，总产量60702.6万t，平均单位面积产量5385.14kg/hm^2，人均粮食占有量445.54kg，较2013年分别增加0.69%、0.84%、0.16%和0.31%。

　　本章主要阐述2014年中国31个省级行政区、八大区域以及南北方的粮食生产状况，包括粮食播种面积、产量、单位面积产量及人均占有量等，并与2013年进行比较。

第一节 各省级行政区粮食生产

本节主要阐述2014年中国31个省级行政区的粮食播种面积、产量、单位面积产量以及人均占有量等，并与2013年进行比较。

一、各省级行政区粮食播种面积

2014年中国粮食播种面积11272.25万hm²，较2013年增加0.69%。图2-1显示，黑龙江省是中国粮食播种面积最大的省级行政区，2014年达1169.64万hm²；其次为河南和山东，分别为1020.98万hm²和

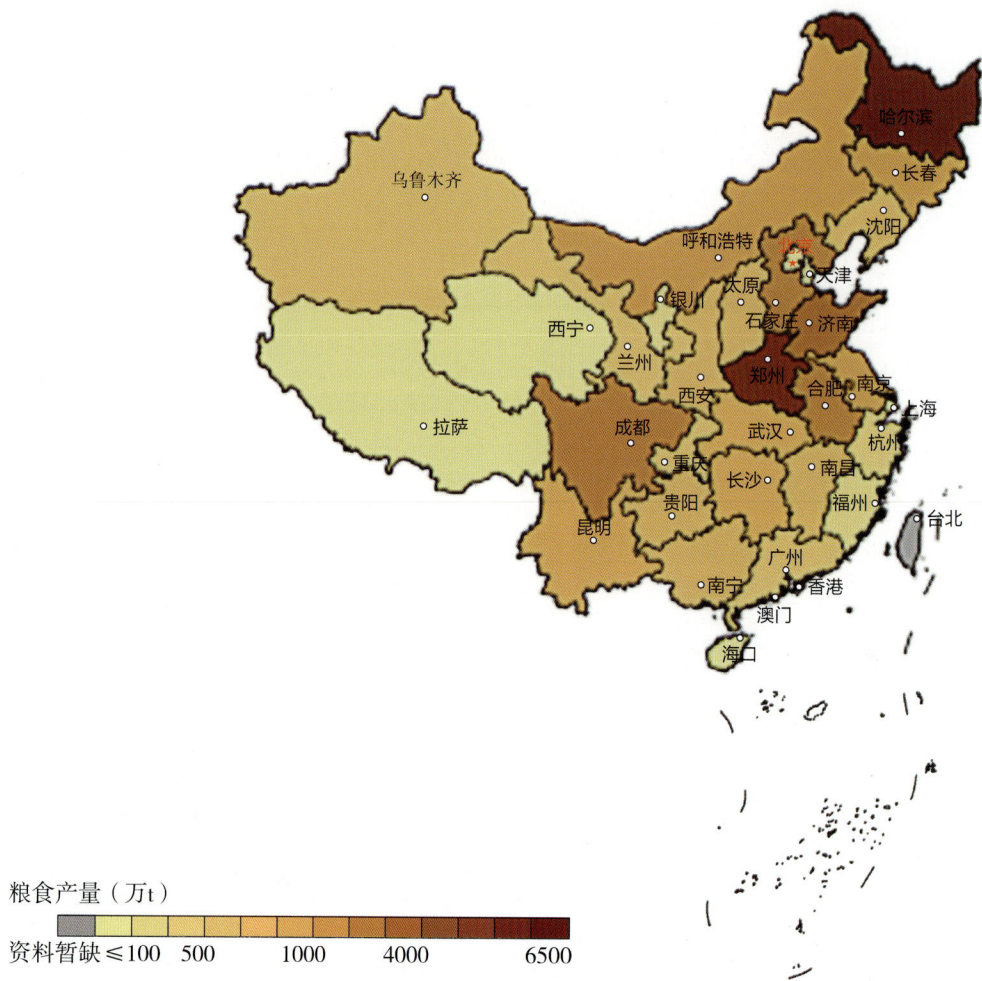

粮食产量（万t）

资料暂缺 ≤100 500 1000 4000 6500

图2-1 2014年各省级行政区粮食播种面积

744.00万hm²。此外，超过500万hm²的还有安徽、四川、河北、内蒙古、江苏和吉林6个省级行政区；播种面积为100万~500万hm²的有15个省级行政区；其余7个省级行政区的粮食播种面积小于100万hm²，其中西藏、上海和北京播种面积最小，分别为17.64万hm²、16.49万hm²和12.02万hm²，均不足粮食播种面积最大省级行政区——黑龙江的2%。

表2-1为2014年各省级行政区粮食播种面积占全国粮食播种面积的比例，黑龙江最大，为10.38%，超过了全国的十分之一，相当于广东、新疆、重庆、浙江、福建、宁夏、海南、天津、青海、西藏、上海和北京12个省级行政区的总和；粮食播种面积所占比例为5%~10%的有河南、山东、安徽、四川、河北和内蒙古；粮食播种面积所占比例为1%~5%的有17个省级行政区；小于1%的有7个省级行政区，其中西藏、上海和北京最小，分别为0.16%、0.15%和0.11%。

表2-1 2014年各省级行政区粮食播种面积占全国粮食播种面积的比例

排序	省级行政区	播种面积比例（%）	排序	省级行政区	播种面积比例（%）
1	黑龙江	10.38	17	陕 西	2.73
2	河 南	9.06	18	广 西	2.72
3	山 东	6.60	19	甘 肃	2.52
4	安 徽	5.88	20	广 东	2.22
5	四 川	5.74	21	新 疆	2.00
6	河 北	5.62	22	重 庆	1.99
7	内蒙古	5.00	23	浙 江	1.12
8	江 苏	4.77	24	福 建	1.06
9	吉 林	4.44	25	宁 夏	0.68
10	湖 南	4.41	26	海 南	0.35
11	云 南	4.00	27	天 津	0.31
12	湖 北	3.88	28	青 海	0.25
13	江 西	3.28	29	西 藏	0.16
14	山 西	2.92	30	上 海	0.15
15	辽 宁	2.87	31	北 京	0.11
16	贵 州	2.78			

按从大到小的顺序绘制各省级行政区粮食播种面积占全国总面积比例的累积曲线，如图2-2所示，排列前8位的省级行政区粮食播种面积之和为53.05%，超过了全国的一半；排列前20位的省级行政区粮食播种面积之和为91.82%，超过了全国粮食播种面积的90%；其余的11个省级行政区粮食播种面积之和不足全国的9%。

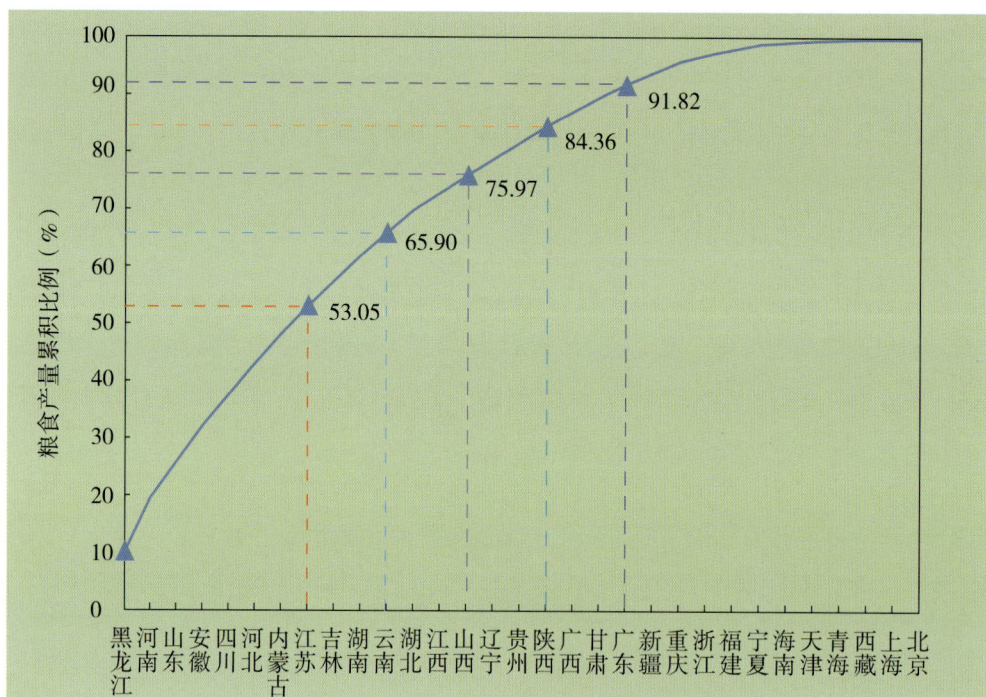

图2-2　2014年各省级行政区粮食播种面积累积比例

　　表2-2列出了2014年各省级行政区粮食播种面积与2013年比较情况。2014年中国粮食总播种面积较2013年有一定的增长，其中20个省级行政区的播种面积有不同程度增加，仅有11个省级行政区有所减小。

表2-2　2014年各省级行政区粮食播种面积与2013年比较

省级行政区	粮食播种面积（万hm²）		变化情况	
	2013年	2014年	变化量（万hm²）	变化率（%）
北　京	15.89	12.02	−3.87	−24.36
天　津	33.28	34.58	1.30	3.91
山　西	327.43	328.64	1.21	0.37
内蒙古	561.73	565.10	3.37	0.60
辽　宁	322.64	323.51	0.87	0.27
吉　林	478.99	500.07	21.08	4.40
黑龙江	1156.44	1169.64	13.20	1.14
河　北	631.59	633.20	1.61	0.26
河　南	1008.18	1020.98	12.80	1.27
山　东	729.46	744.00	14.54	1.99
安　徽	662.53	662.89	0.36	0.05

续表

省级行政区	粮食播种面积（万hm²）		变化情况	
	2013年	2014年	变化量（万hm²）	变化率（%）
陕　西	310.51	307.65	-2.86	-0.92
甘　肃	285.87	284.25	-1.62	-0.57
青　海	28.00	28.01	0.01	0.05
宁　夏	80.16	77.13	-3.03	-3.78
新　疆	223.48	225.59	2.11	0.94
上　海	16.85	16.49	-0.36	-2.14
浙　江	125.37	126.68	1.31	1.04
福　建	120.21	119.77	-0.44	-0.36
江　苏	536.08	537.61	1.53	0.29
湖　北	425.84	437.04	11.20	2.63
湖　南	493.66	497.51	3.85	0.78
江　西	369.09	369.73	0.65	0.17
广　东	250.76	250.70	-0.06	-0.02
广　西	307.60	306.77	-0.83	-0.27
海　南	42.18	39.40	-2.78	-6.59
重　庆	225.39	224.25	-1.14	-0.51
四　川	646.99	646.74	-0.25	-0.04
贵　州	311.84	313.84	2.00	0.64
云　南	449.94	450.82	0.88	0.20
西　藏	17.59	17.64	0.05	0.30
全　国	11195.57	11272.25	76.68	0.68

注

1. 表中的变化量为2014年值与2013年值之差。变化率为变化量占2013年值的百分比。变化量或变化率为正表示2014年在2013年基础上增加，反之减小。
2. 本书数据关联性强，为保证计算精度，避免累积误差的产生，数据处理过程中采用的数据通常要比书中给出的有效数字位数多，故采用书中给出的数据计算，会出现部分与计算结果不符的情况。

粮食播种面积增加的20个省级行政区中，就增量而言，吉林最大，为21.08万hm²；超过10万hm²的还有山东、黑龙江、河南和湖北；其他15个省级行政区粮食播种面积增量均在5万hm²以下，其中云南、辽宁、江西、安徽、西藏和青海6个省级行政区增量均小于1万hm²；就增幅而言，吉林、天津和湖北最大，分别为4.40%、3.91%和2.63%；其余省级行政区增幅均不足2%。

粮食播种面积减少的11个省级行政区中，就减量而言，超过1万hm²的有6个省级行政区，其中北京和宁夏减量最大，分别为3.87万hm²和3.03万hm²；陕西、海南、甘肃和重庆4个省级行政区减量大于1万hm²；其余5个省级行政区均小于1万hm²，其中广东最小，为0.06万hm²；就降幅而言，北京最大，为24.36%；其次是海南、宁夏和上海，分别为6.59%、3.78%和2.14%，其余省级行政区降幅均在1%以下。

图2-3为2014年各省级行政区粮食播种面积占农作物播种面积比例（粮食播种面积/农作物播种面积）。依据《中国统计年鉴2014》分类标准，这里的农作物包括稻谷、小麦、玉米、豆类、薯类等粮食作物，以及油料、棉花、麻类、糖料、烟叶、蔬菜、茶园及果园等经济作物，见附录。

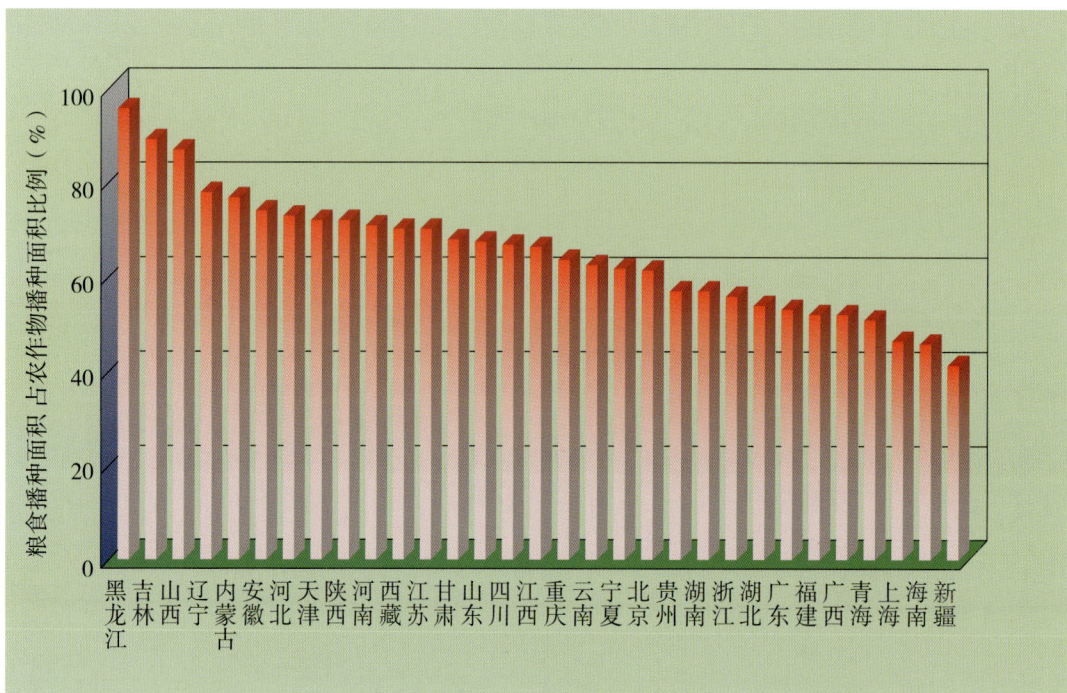

图2-3　2014年各省级行政区粮食播种面积占农作物播种面积比例

全国粮食播种面积占农作物播种面积比例（以下简称"粮食播种面积比例"）为68.13%，较2013年增长0.12%。位于东北地区和华北地区的省级行政区粮食播种面积比例较高，而位于华南地区和东南地区的省级行政区较低。黑龙江、吉林和山西粮食播种面积比例位居全国前三位，分别为95.67%、89.05%和86.86%；粮食播种面积超过70%的还有辽宁、内蒙古、安徽、河北、天津、陕西、河南、西藏和江苏9个省级行政区；粮食播种面积比例小于50%的仅有上海、海南和新疆，分别为46.19%、45.84%和40.89%。其余16个省级行政区的粮食播种面积比例为50%~70%。

根据各省级行政区粮食产销情况，将中国31个省级行政区中的13个省级行政区划分为粮食主产区，7个省级行政区划分为粮食主销区，其余11个省级行政区划分为粮食平衡区，见附录。依据上述划分标准，2014年全国粮食主产区、主销区和平衡区的粮食播种面积分别为8108.02万hm²、599.64万hm²和2564.59万hm²，占全国粮食播种面积比例分别为71.93%、5.32%及22.75%，如图2-4所示。

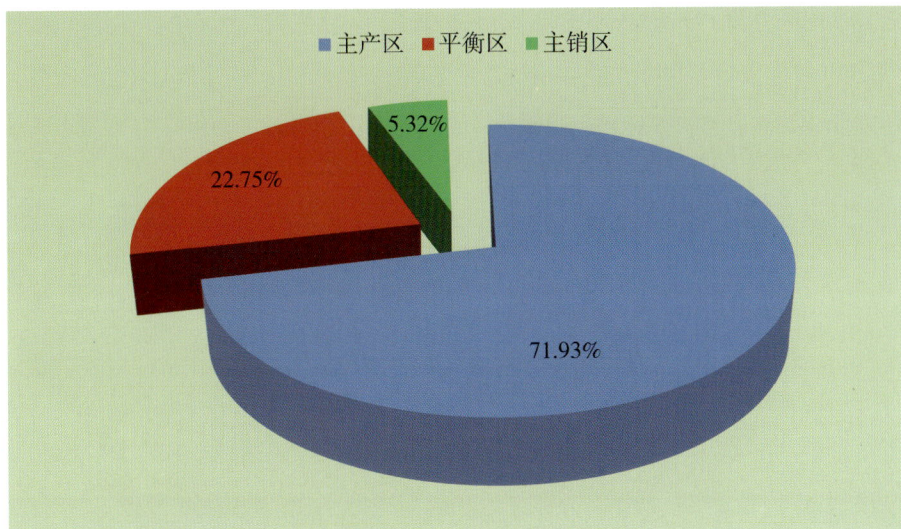

图2-4　2014年产销区粮食播种面积占全国比例

　　表2-3列出了2014年产销区粮食播种面积与2013年的比较情况。2014年主产区粮食播种面积较2013年有一定的增长，增量为84.81万hm²，增幅为1.06%；主销区与平衡区粮食播种面积均有所减小，减量分别为4.90万hm²和3.23万hm²，降幅分别为0.81%和0.13%。主产区与主销区粮食生产规模差距进一步拉大。

表2-3　2014年产销区粮食播种面积与2013年比较

产销区	粮食播种面积（万hm²）		变化情况	
	2013年	2014年	变化量（万hm²）	变化率（%）
主产区	8023.21	8108.02	84.81	1.06
平衡区	2567.82	2564.59	-3.23	-0.13
主销区	604.54	599.64	-4.90	-0.81
全　国	11195.57	11272.25	76.68	0.68

二、各省级行政区粮食产量

　　2014年中国粮食总产量60702.6万t，较2013年增加0.84%。图2-5显示，2014年中国各省级行政区之间粮食产量差异显著。粮食产量超过4000万t的有黑龙江、河南和山东，分别为6242.2万t、5772.3万t和4596.6万t；产量为3000万~4000万t的有吉林、江苏、安徽、四川、河北和湖南；产量为2000万~3000万t的有3个省级行政区；产量为1000万~2000万t的有10个省级行政区；小于1000万t的省级行政区有9个，其中海南、天津、上海和青海4个省级行政区产量小于200万t，西藏和北京产量小于100万t。

　　中国粮食产量较高的省级行政区主要集中在地势相对平坦、农业生产水平相对较高的东北地区、黄淮海地区及长江中下游地区，而粮食产出少的省级行政区多为经济发达、耕地面积小的直辖市（如北京、天津、上海）和牧业发达而种植业发展相对滞后的青藏地区。

表2-4列出了2014年各省级行政区粮食产量占全国的比例，并由高到低进行了排序。

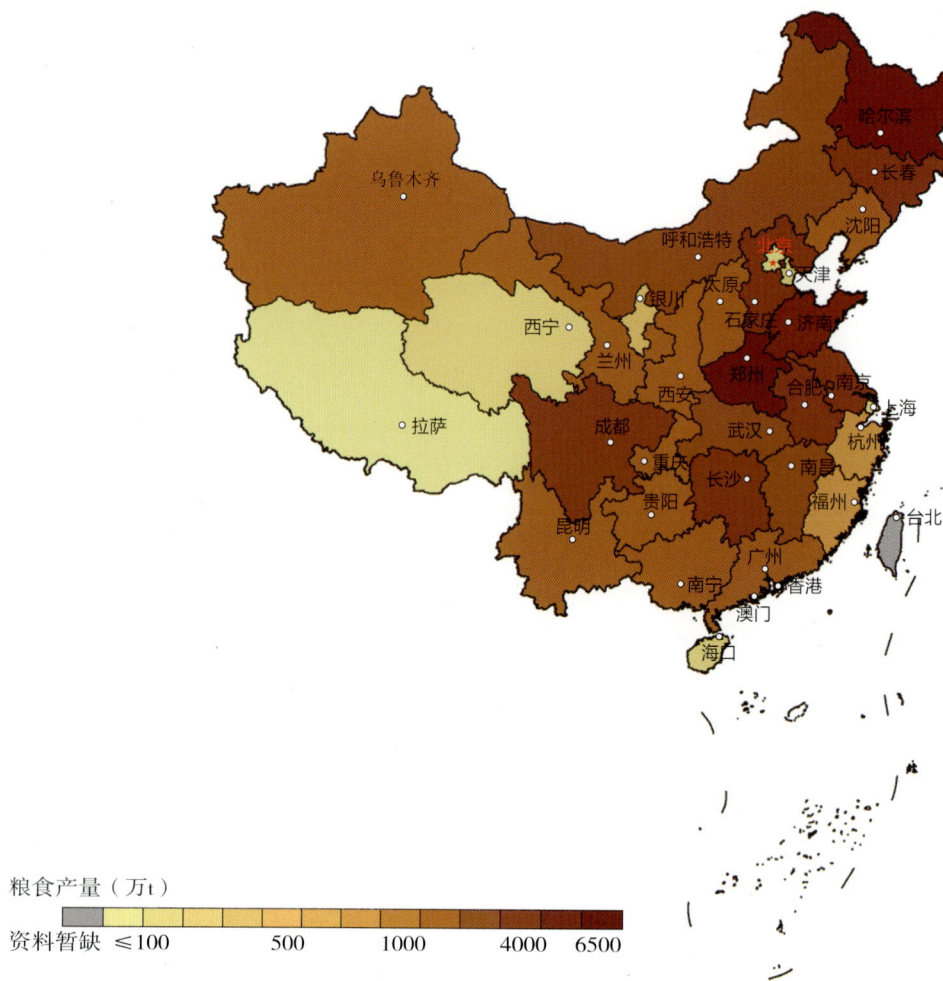

粮食产量（万t）

资料暂缺 ≤100 500 1000 4000 6500

图2-5 2014年各省级行政区粮食产量

表2-4 2014年各省级行政区粮食产量占全国的比例

排序	省级行政区	粮食产量比例（%）	排序	省级行政区	粮食产量比例（%）
1	黑龙江	10.28	17	广 东	2.24
2	河 南	9.51	18	山 西	2.19
3	山 东	7.57	19	陕 西	1.97
4	吉 林	5.82	20	甘 肃	1.91
5	江 苏	5.75	21	重 庆	1.89

排序	省级行政区	粮食产量比例（%）	排序	省级行政区	粮食产量比例（%）
6	安　徽	5.63	22	贵　州	1.88
7	四　川	5.56	23	浙　江	1.25
8	河　北	5.54	24	福　建	1.10
9	湖　南	4.94	25	宁　夏	0.62
10	内蒙古	4.54	26	海　南	0.31
11	湖　北	4.26	27	天　津	0.29
12	江　西	3.53	28	上　海	0.19
13	云　南	3.07	29	青　海	0.17
14	辽　宁	2.89	30	西　藏	0.16
15	广　西	2.53	31	北　京	0.11
16	新　疆	2.33			

由表2-4可以看出，2014年黑龙江生产了超过全国10%的粮食，为中国粮食产量第一大省；河南生产了近全国10%的粮食，为中国粮食产量第二大省；其次是山东，比例为7.57%；吉林、江苏、安徽、四川和河北的粮食产量占全国比例均超过了5%；比例为1%~5%的有16个省级行政区；不足1%的有宁夏、海南、天津、上海、青海、西藏和北京7个省级行政区，所生产的粮食总量不到全国总产量的2%。

按从大到小顺序绘制各省级行政区粮食产量占全国总产量比例的累积曲线，如图2-6所示。黑龙江、河南、山东、吉林、江苏、安徽和四川7个省级行政区生产的粮食超过了全国的一半（50.12%）；排序在前19位的省级行政区所生产的粮食之和超过全国粮食总产的90%（90.14%）；而排序在后12位的省级行政区所生产的粮食不足全国产量的10%。进一步表明了我国粮食生产具有明显的区域差异性。

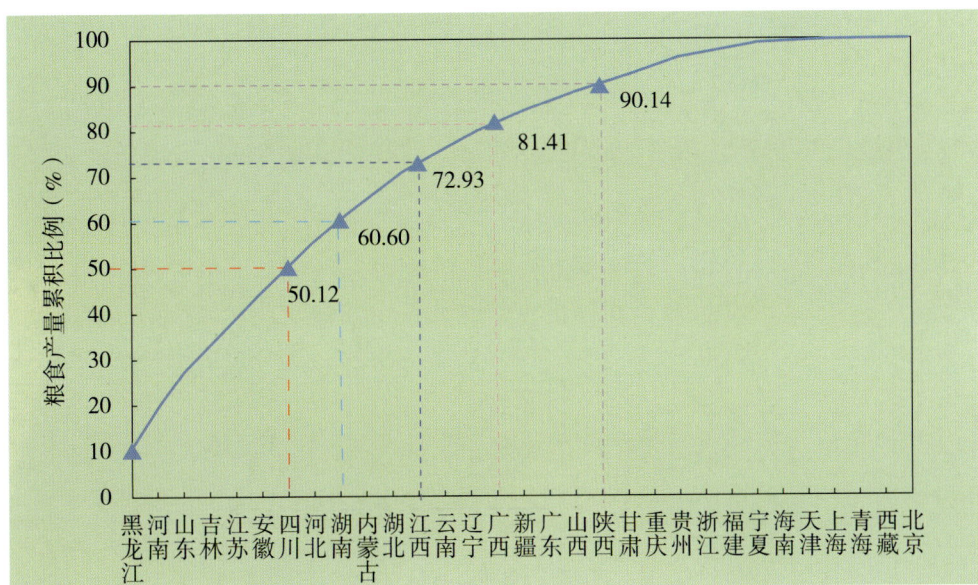

图2-6　2014年各省级行政区粮食产量累积比例

表2-5列出了2014年各省级行政区粮食产量与2013年的比较情况，2014年有21个省级行政区的粮食产量在2013年的基础上有所增加，有10个省级行政区粮食产量有所减少。

表2-5　2014年各省级行政区产量与2013年比较

省级行政区	粮食产量（万t）		变化情况	
	2013年	2014年	变化量（万t）	变化率（%）
北　京	96.1	63.9	−32.2	−33.52
天　津	174.7	176.0	1.3	0.74
山　西	1312.8	1330.8	18.0	1.37
内蒙古	2773.0	2753.0	−20.0	−0.72
辽　宁	2195.6	1753.9	−441.7	−20.12
吉　林	3551.0	3532.8	−18.2	−0.51
黑龙江	6004.1	6242.2	238.1	3.97
河　北	3365.0	3360.2	−4.8	−0.14
河　南	5713.7	5772.3	58.6	1.03
山　东	4528.2	4596.6	68.4	1.51
安　徽	3279.6	3415.8	136.2	4.15
陕　西	1215.8	1197.8	−18.0	−1.48
甘　肃	1138.9	1158.7	19.8	1.74
青　海	102.4	104.8	2.4	2.37
宁　夏	373.4	377.9	4.5	1.20
新　疆	1377.0	1414.5	37.5	2.72
上　海	114.2	112.5	−1.7	−1.45
浙　江	734.0	757.4	23.4	3.20
福　建	664.4	667.0	2.6	0.40
江　苏	3423.0	3490.6	67.6	1.98
湖　北	2501.3	2584.2	82.9	3.31
湖　南	2925.7	3001.3	75.6	2.58
江　西	2116.1	2143.5	27.4	1.29
广　东	1315.9	1357.3	41.4	3.15
广　西	1521.8	1534.4	12.6	0.83
海　南	190.9	186.6	−4.3	−2.25

省级行政区	粮食产量（万t）		变化情况	
	2013年	2014年	变化量（万t）	变化率（%）
重 庆	1148.1	1144.5	−3.6	−0.32
四 川	3387.1	3374.9	−12.2	−0.36
贵 州	1030.0	1138.5	108.5	10.54
云 南	1824.0	1860.7	36.7	2.01
西 藏	96.2	98.0	1.8	1.92
全 国	60194.0	60702.6	508.6	0.84

　　粮食产量增加的21个省级行政区中，就增量而言，黑龙江最大，为238.1万t；其次是安徽和贵州，分别为136.2万t和108.5万t；增量为10万~100万t的有13个省级行政区；小于10万t的有宁夏、福建、青海、西藏和天津5个省级行政区，其中天津最小，为1.3万t。就增幅而言，贵州最大，为10.54%；增幅为1%~5%的有17个省级行政区；小于1%的有3个省级行政区。

　　粮食产量下降的10个省级行政区中，就减量而言，辽宁最大，为441.7万t；减量为10万~50万t的有5个省级行政区；小于10万t的有4个省级行政区。降幅最大的是北京和辽宁，分别为33.52%和20.12%；其余省级行政区降幅均小于3%。

　　2014年，粮食主产区、主销区和平衡区的粮食产量分别为46021.3万t、3320.7万t和11360.6万t，分别占全国总产的75.81%、5.47%及18.72%，如图2-7所示。

　　表2-6为2014年产销区粮食产量与2013年比较情况。2014年产销区粮食产量较2013年均有一定的增长，主产区增量最大，为257.8万t；平衡区增幅最大，为1.98%。

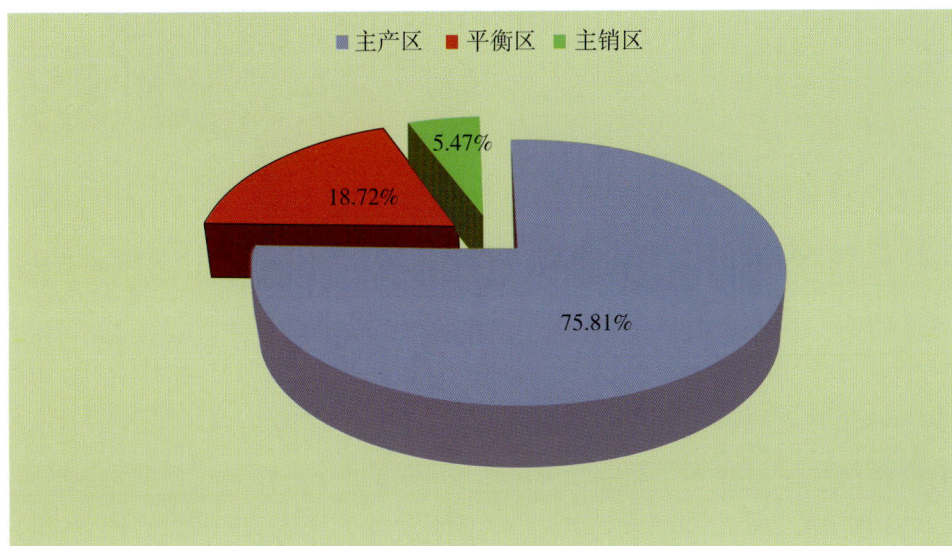

图2-7　2014年产销区粮食产量占全国比例

表2-6　2014年产销区粮食产量与2013年比较

产销区	粮食产量（万t）		变化情况	
	2013年	2014年	变化量（万t）	变化率（%）
主产区	45763.5	46021.3	257.8	0.56
平衡区	11140.3	11360.6	220.3	1.98
主销区	3290.2	3320.7	30.5	0.93
全　国	60194.0	60702.6	508.6	0.84

三、各省级行政区粮食单产

单位播种面积的粮食产量（以下简称"粮食单产"）是衡量粮食生产水平的重要指标。2014年各省级行政区的粮食单产如图2-8所示。

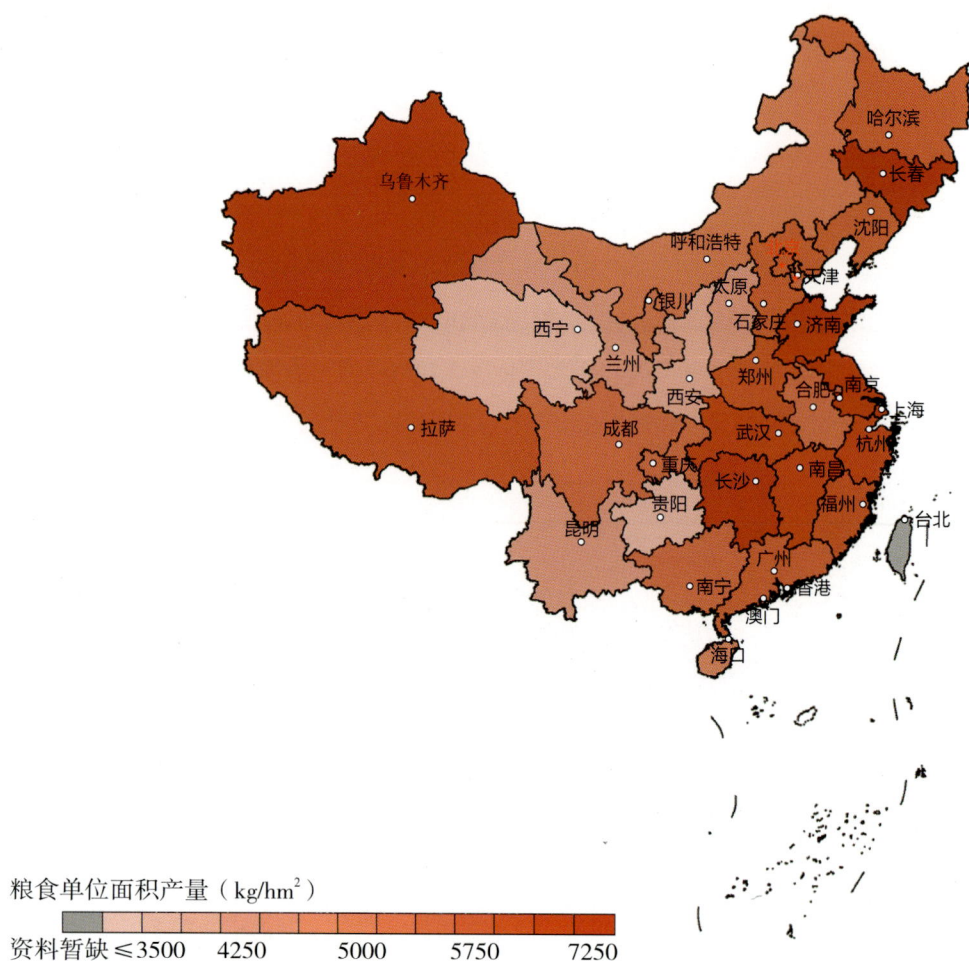

粮食单位面积产量（kg/hm²）

资料暂缺 ≤3500　4250　5000　5750　7250

图2-8　2014年各省级行政区粮食单产

2014年中国平均粮食单产5385.14kg/hm²，较2013年增加0.16%。2014年高于全国粮食单产均值的有14个省级行政区，其中吉林最高，达7064.61kg/hm²，超出全国均值31.19%；粮食单产为6000~7000kg/hm²的省级行政区有上海、江苏、新疆和山东；粮食单产高于全国粮食单产均值的还有湖南、浙江、湖北等9个省级行政区。

低于全国粮食单产均值的有17个省级行政区，其中高于5000kg/hm²的有黑龙江、北京、河北、四川、安徽、重庆、天津和广西8个省级行政区；粮食单产为4000~5000kg/hm²的有6个省级行政区；粮食单产为3000~4000kg/hm²的有陕西、青海和贵州3个省级行政区，其中贵州最低，为3627.64kg/hm²，相当于全国平均水平的67.36%。

表2-7列出了2014年全国及各个省级行政区粮食单产与2013年的对比情况，有21个省级行政区粮食单产增加，9个省级行政区减小。贵州增量和增幅均最大，增量为324.72kg/hm²，增幅为9.83%；其次为宁夏、海南和安徽，增量分别为241.32kg/hm²、210.19kg/hm²和202.78kg/hm²，增幅分别为5.18%、4.64%和4.10%；增量在100~200kg/hm²的有6个省级行政区；增量在100kg/hm²以下的有11个省级行政区。粮食单产减小的有10个省级行政区，其中辽宁和北京减量和降幅均最大，减量分别为1383.62kg/hm²和732.90kg/hm²，降幅分别为20.33%和12.12%；减量超过超过100kg/hm²的还有吉林和天津。

表2-7　2014年各省级行政区粮食单产与2013年比较

省级行政区	粮食单产（kg/hm²）		变化情况	
	2013年	2014年	变化量（kg/hm²）	变化率（%）
北　京	6049.04	5316.14	-732.90	-12.12
天　津	5249.86	5089.65	-160.21	-3.05
山　西	4009.41	4049.42	40.01	1.00
内蒙古	4936.54	4871.70	-64.83	-1.31
辽　宁	6805.09	5421.47	-1383.62	-20.33
吉　林	7413.56	7064.61	-348.95	-4.71
黑龙江	5191.88	5336.86	144.98	2.79
河　北	5327.83	5306.70	-21.14	-0.40
河　南	5667.33	5653.69	-13.64	-0.24
山　东	6207.62	6178.23	-29.40	-0.47
安　徽	4950.12	5152.89	202.78	4.10
陕　西	3915.46	3893.39	-22.07	-0.56
甘　肃	3983.98	4076.34	92.36	2.32
青　海	3656.46	3741.52	85.06	2.33
宁　夏	4658.20	4899.52	241.32	5.18

续表

省级行政区	粮食单产（kg/hm²）		变化情况	
	2013年	2014年	变化量（kg/hm²）	变化率（%）
新　疆	6161.63	6270.22	108.60	1.76
上　海	6774.08	6822.32	48.24	0.71
浙　江	5854.08	5978.84	124.76	2.13
福　建	5526.85	5569.01	42.16	0.76
江　苏	6385.26	6492.81	107.55	1.68
湖　北	5873.80	5912.96	39.16	0.67
湖　南	5926.67	6032.64	105.98	1.79
江　西	5733.37	5797.47	64.11	1.12
广　东	5247.61	5414.04	166.44	3.17
广　西	4947.30	5001.79	54.49	1.10
海　南	4525.85	4736.04	210.19	4.64
重　庆	5093.96	5103.68	9.72	0.19
四　川	5235.17	5218.33	−16.84	−0.32
贵　州	3302.92	3627.64	324.72	9.83
云　南	4053.87	4127.37	73.49	1.81
西　藏	5467.11	5555.56	88.45	1.62
全　国	5376.59	5385.14	8.55	0.16

2014年粮食主产区、主销区和平衡区的平均单产见表2-8。粮食主产区平均单产最大，为5676.02kg/hm²；其次为粮食主销区，为5537.82kg/hm²；平均单产最低者为粮食平衡区，仅为4429.79kg/hm²。

与2013年相比，粮食主销区和平衡区的粮食单产有一定增加，其中粮食主销区单产增量较大，为95.54kg/hm²，增幅为1.76%。主产区粮食单产有所降低，减量为27.86kg/hm²，降幅为0.49%。

表2-8　2014年产销区粮食单产与2013比较

产销区	粮食单产（kg/hm²）		变化情况	
	2013	2014	变化量（kg/hm²）	变化率（%）
主产区	5703.88	5676.02	−27.86	−0.49
平衡区	4338.46	4429.79	91.33	2.11
主销区	5442.29	5537.82	95.54	1.76
全　国	5376.59	5385.14	8.55	0.16

四、各省级行政区人均粮食占有量

人口数量直接关系到粮食的需求情况，在消费水平差别不大的前提下，人口和粮食产量共同决定了一个区域的粮食供需状况。2014年31个省级行政区的人口总数量为13.62亿，为历史新高，较2013年的13.55亿增长0.54%。

2014年各省级行政区人口数量差异较大，如图2-9所示。广东是唯一一个人口数量上亿人的省级行政区，为10724万，占全国总人口的7.87%；山东、河南位居第二位、第三位，分别为9789万和9436万，占全国比例分别为7.18%和6.93%；其次是四川、江苏、河北、湖南和安徽5个省级行政区，分别为8140万、7960万、7384万、6737万和6083万；人口数量为4000万~6000万人的有6个省级行政区；人口数量为2000万~4000万人的有12个省级行政区；其余5个省级行政区小于2000万，其中西藏最小，仅为318万，为全国的0.23%。

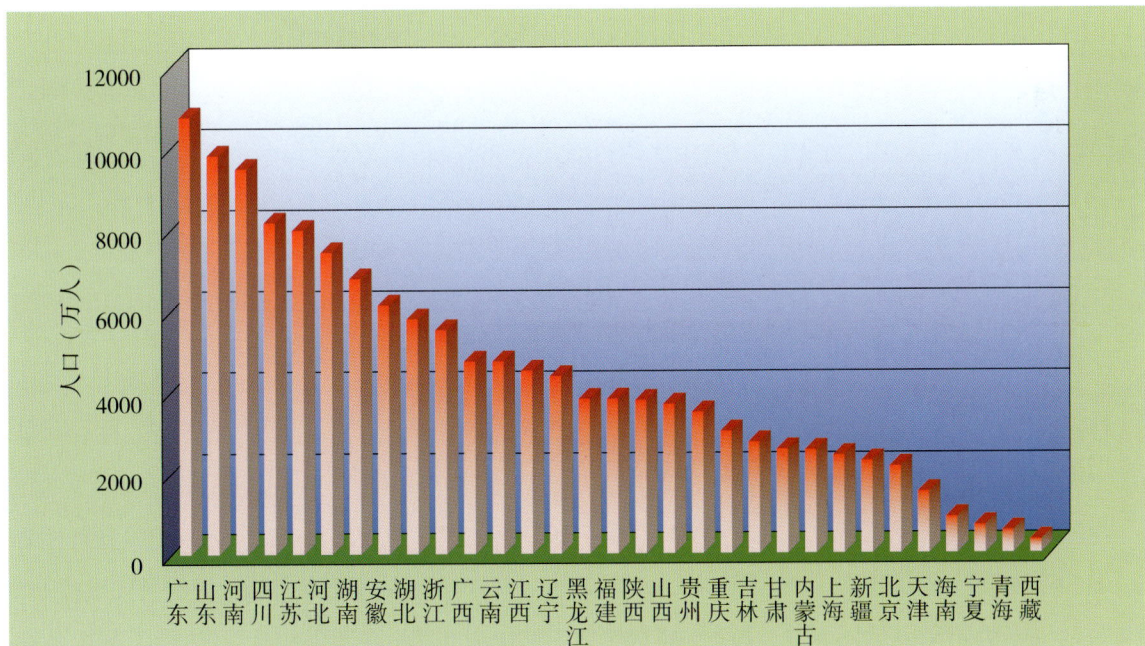

图2-9 2014年各省级行政区人口数量

2014年全国人均粮食占有量为445.54kg，较2013年的444.18kg增长0.31%。如图2-10所示，2014年各省级行政区的人均粮食占有量相差悬殊。黑龙江、吉林和内蒙古的人均粮食占有量显著高于其他省级行政区，分别为1628.54kg、1283.72kg和1099.00kg，分别是全国平均值的3.7倍、2.9倍及2.5倍；新疆、河南、宁夏和安徽分别为615.54kg、611.73kg、570.85kg和561.53kg，也明显高于全国平均水平；人均粮食占有量为400~500kg的有8个省级行政区；人均粮食占有量为300~400kg的有8个省级行政区；人均粮食占有量为200~300kg的有1个省级行政区；人均粮食占有量为100~200kg的有5个省级行政区；小于100kg的有上海和北京，分别仅为46.37kg和29.69kg。

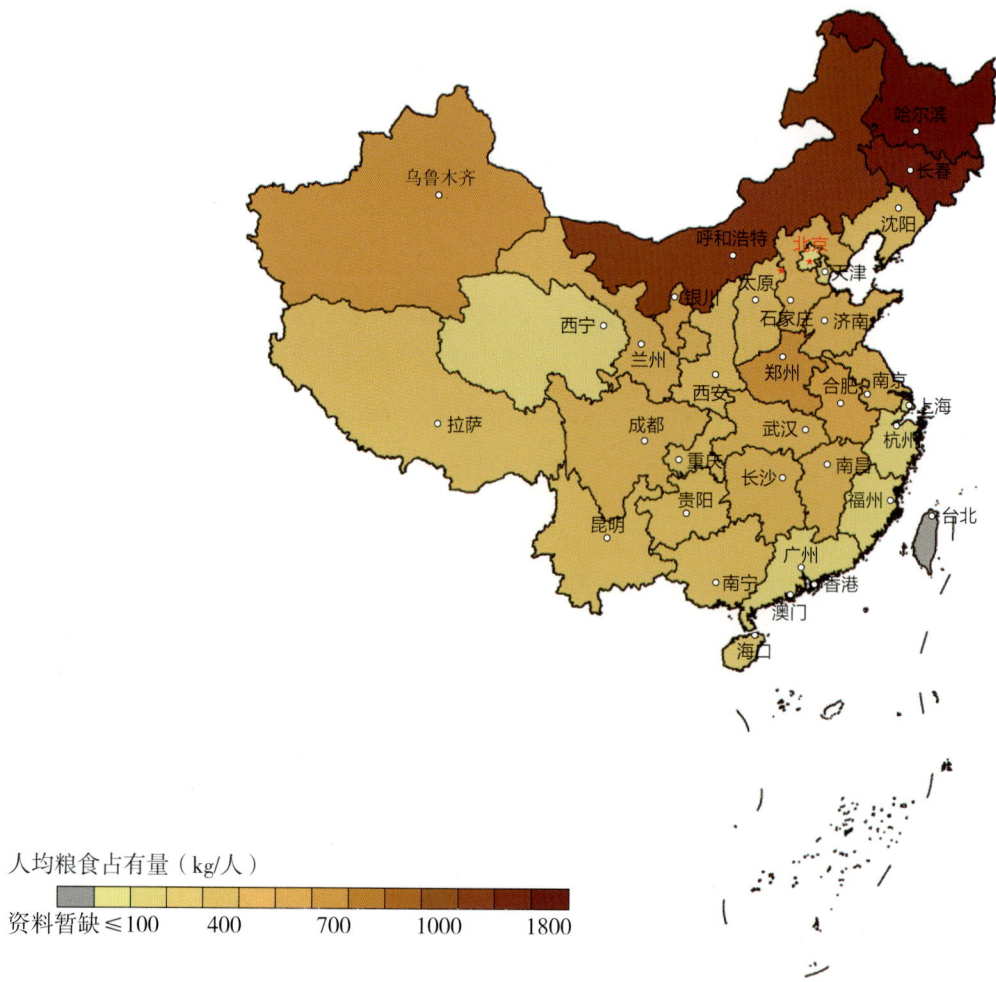

人均粮食占有量（kg/人）

资料暂缺 ≤100　　400　　700　　1000　　1800

图2-10　2014年各省级行政区人均粮食占有量

　　表2-9为2014年各省级行政区人均粮食占有量与2013年比较，有19个省级行政区人均粮食占有量增加，有12个省级行政区减小。黑龙江和贵州增量较大，分别为62.95kg和30.45kg；其次是安徽和湖北，增量分别为17.63kg和12.99kg；其余各省级行政区均小于10kg。贵州增幅最大，为10.35%；其余各省级行政区均小于5%。

　　人均粮食占有量减小的省级行政区中，辽宁、北京和内蒙古减量较大，分别为100.71kg、15.76kg和11.26kg；其余各省级行政区均小于10kg。降幅最大的是北京和辽宁，分别为34.67%和20.14%；其余各省级行政区均小于5%。

表2-9　2014年各省级行政区人均粮食占有量与2013年比较

省级行政区	人均粮食占有量（kg/人）		变化情况	
	2013年	2014年	变化量（kg/人）	变化率（%）
北　京	45.45	29.69	-15.76	-34.67
天　津	118.67	116.02	-2.65	-2.24

续表

省级行政区	人均粮食占有量（kg/人）		变化情况	
	2013年	2014年	变化量（kg/人）	变化率（%）
山　西	361.67	364.80	3.13	0.87
内蒙古	1110.26	1099.00	−11.26	−1.01
辽　宁	500.14	399.43	−100.71	−20.14
吉　林	1290.68	1283.72	−6.96	−0.54
黑龙江	1565.59	1628.54	62.95	4.02
河　北	458.91	455.07	−3.84	−0.84
河　南	606.98	611.73	4.75	0.78
山　东	465.22	469.57	4.34	0.93
安　徽	543.90	561.53	17.63	3.24
陕　西	323.01	317.30	−5.71	−1.77
甘　肃	441.06	447.20	6.14	1.39
青　海	177.18	179.76	2.58	1.46
宁　夏	570.78	570.85	0.06	0.01
新　疆	608.13	615.54	7.40	1.22
上　海	47.26	46.37	−0.89	−1.89
浙　江	133.49	137.51	4.02	3.01
福　建	176.03	175.25	−0.79	−0.45
江　苏	431.13	438.52	7.38	1.71
湖　北	431.33	444.33	12.99	3.01
湖　南	437.29	445.50	8.20	1.88
江　西	467.94	471.93	3.99	0.85
广　东	123.63	126.57	2.94	2.38
广　西	322.48	322.76	0.28	0.09
海　南	213.23	206.64	−6.59	−3.09
重　庆	386.58	382.65	−3.93	−1.02
四　川	417.80	414.61	−3.19	−0.76
贵　州	294.10	324.54	30.45	10.35
云　南	389.19	394.72	5.52	1.42
西　藏	308.13	308.18	0.04	0.01
全　国	444.18	445.54	1.36	0.31

表2-10列出了2014年粮食主产区、主销区和平衡区的人均粮食占有量。主销区人均粮食占有量不足主产区的1/4，平衡区不足主产区的2/3。与2013年相比，不同类型区人均粮食占有量均有一定程度的增加，其中平衡区增量与增幅均最大，分别为5.12kg和1.36%。

表2-10　2014年产销区人均粮食占有量与2013年比较

产销区	人均粮食占有量（kg/人）		变化情况	
	2013年	2014年	变化量（kg/人）	变化率（%）
主产区	578.98	579.85	0.87	0.15
平衡区	375.57	380.69	5.12	1.36
主销区	122.70	122.83	0.12	0.10
全　国	444.18	445.54	1.36	0.31

第二节　区域粮食生产

　　将中国31个省级行政区划分为八大区域，分别为华北地区、东北地区、黄淮海地区、西北地区、东南地区、长江中下游地区、华南地区和西南地区，各区域所包含的省级行政区见附录。

　　本节主要阐述八大区域2014年粮食生产状况，包括粮食播种面积、粮食产量、粮食单产及人均粮食占有量等，并与2013年情况进行比较。

一、区域粮食播种面积

　　图2-11为2014年各区域粮食播种面积的分布图。2014年黄淮海地区粮食播种面积最大，为3061.07万hm²，

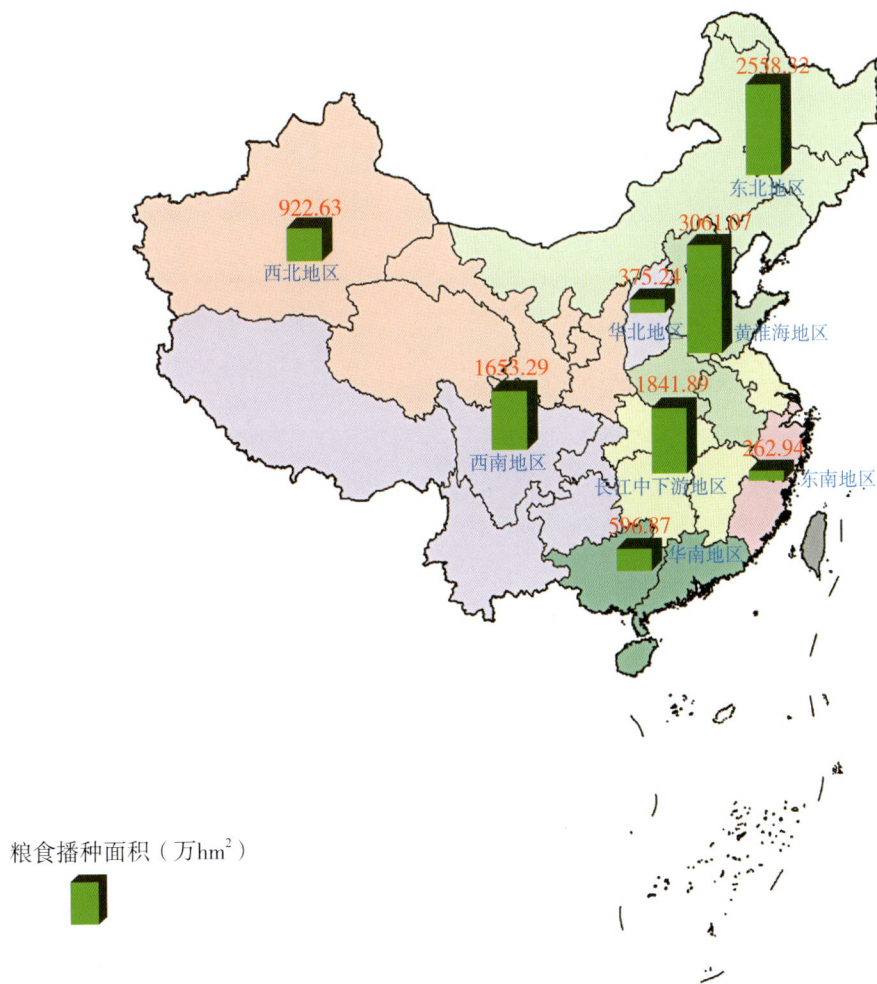

粮食播种面积（万hm²）

图2-11　2014年各区域粮食播种面积数据

占全国的27.15%（见图2-12）；东北地区次之，为2558.32万hm²，占全国的22.70%；长江中下游地区和西南地区分列第三位、第四位，分别为1841.89万hm²和1653.29万hm²；东南地区最小，为262.94万hm²，为全国总面积的2.33%。黄淮海地区与东北地区粮食播种面积之和近似于全国总播种面积的一半，为49.85%，而华南地区（5.30%）、华北地区（3.33%）和东南地区之和（2.33%）仅为全国总量的10.96%。

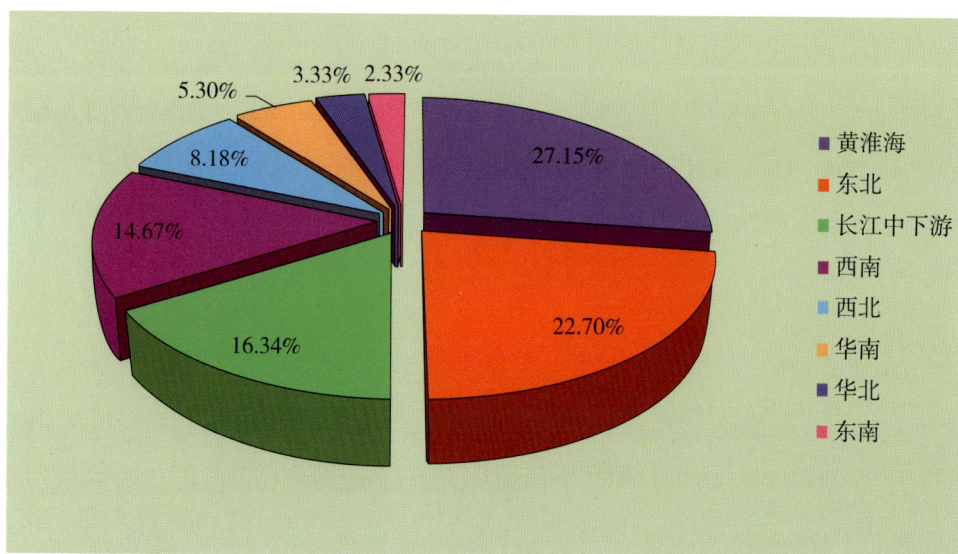

图2-12　2014年各区域粮食播种面积占全国总量比例

2014年各区域粮食播种面积与2013年比较见表2-11。与2013年相比，华北地区、西北地区和华南地区粮食播种面积略有减小（降幅最大的是华南地区，为0.61%）；其余各区域的粮食播种面积有所增加，增幅最大的是东北地区，为1.53%。

表2-11　2014年各区域粮食播种面积与2013年比较

区域名称	粮食播种面积（万hm²）		变化情况	
	2013年	2014年	变化量（万hm²）	变化率（%）
华北	376.60	375.24	-1.36	-0.36
东北	2519.80	2558.32	38.52	1.53
黄淮海	3031.77	3061.07	29.30	0.97
西北	928.02	922.63	-5.39	-0.58
东南	262.43	262.94	0.51	0.19
长江中下游	1824.66	1841.89	17.23	0.94
华南	600.54	596.87	-3.67	-0.61
西南	1651.75	1653.29	1.54	0.09
全国	11195.57	11272.25	76.68	0.68

如图2-13所示，东北地区和华北地区粮食播种面积比例较高，分别为87.13%和84.16%；其次是黄淮海地区，为71.06%，略高于全国平均值的68.13%。其余5个地区均较全国平均值为低，其中东南地区和华南地区较低，分别为53.27%和51.75%。

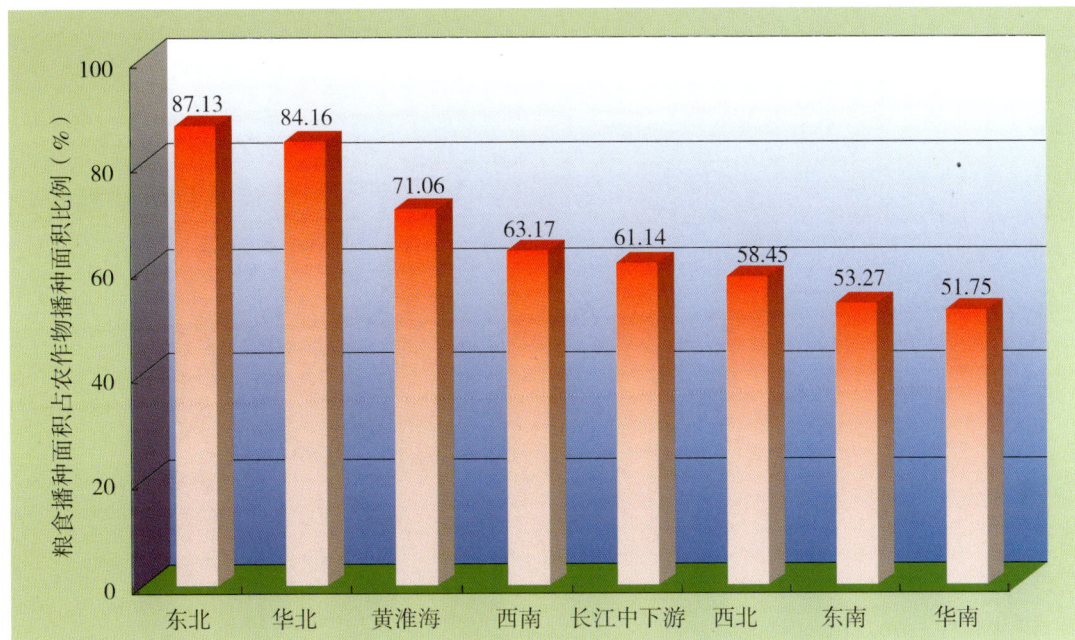

图2-13 2014年各区域粮食播种面积占农作物播种面积比例

二、区域粮食产量

2014年各区域粮食产量及其占全国粮食总产量的比例如图2-14、图2-15所示，2014年各区域粮食产量由大到小的顺序为黄淮海地区、东北地区、长江中下游地区、西南地区、西北地区、华南地区、华北地区和东南地区。区域间差异十分显著，黄淮海地区粮食产量为17144.9万t，占全国总产量的28.24%，居8个区域之首；东北地区、长江中下游地区的粮食产量均超过1亿t，分别占全国总量的23.53%和18.48%；其次是西南地区和西北地区；华南地区、东南地区和华北地区粮食产量之和仅占全国总量的10.19%。黄淮海地区和东北地区粮食产量之和超过了全国总量的50%；黄淮海地区、东北地区和长江中下游地区粮食产量之和超过了全国总量的70%；全国近90%的粮食来源于黄淮海地区、东北地区、长江中下游地区、西南地区与西北地区5个区域。

表2-12为2014年各区域粮食产量与2013年的对照情况。与2013年相比，除华北地区和东北地区粮食产量有所下降外（降幅分别为0.82%和1.66%），其他地区均有一定的增长，其中黄淮海地区和长江中下游地区增量较大，分别为258.4万t和253.5万t，增幅分别为1.53%和2.31%；粮食增产超过100万t的地区还有西南地区。

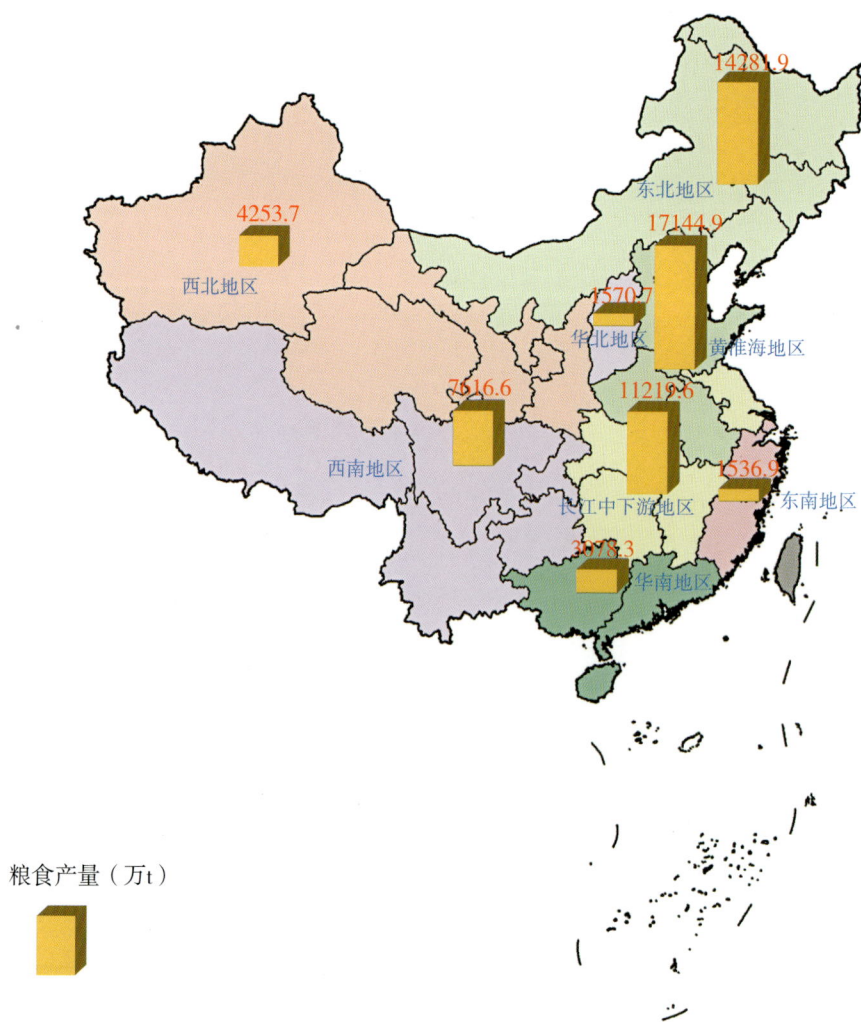

图2-14　2014年各区域粮食产量

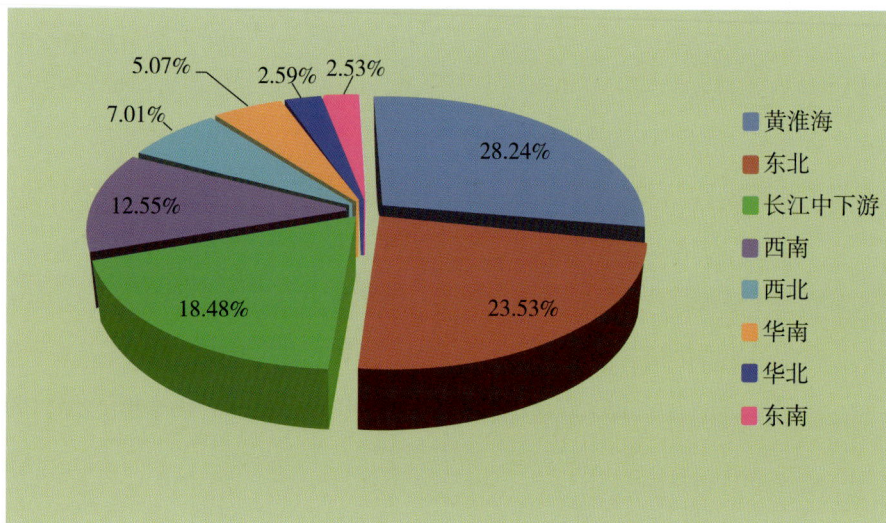

图2-15　2014年各区域粮食产量占全国总量比例

表2-12　2014年各区域粮食产量与2013年比较

区域名称	粮食产量（万t）		变化情况	
	2013年	2014年	变化量（万t）	变化率（%）
华北	1583.6	1570.7	-12.9	-0.82
东北	14523.7	14281.9	-241.8	-1.66
黄淮海	16886.5	17144.9	258.4	1.53
西北	4207.6	4253.7	46.1	1.10
东南	1512.5	1536.9	24.4	1.62
长江中下游	10966.1	11219.6	253.5	2.31
华南	3028.6	3078.3	49.7	1.64
西南	7485.4	7616.6	131.2	1.75
全国	60194.0	60702.6	508.6	0.84

三、区域粮食单产

图2-16为2014年各区域粮食单产情况，2014年全国平均粮食单产为5385.14kg/hm²。其中，长江中

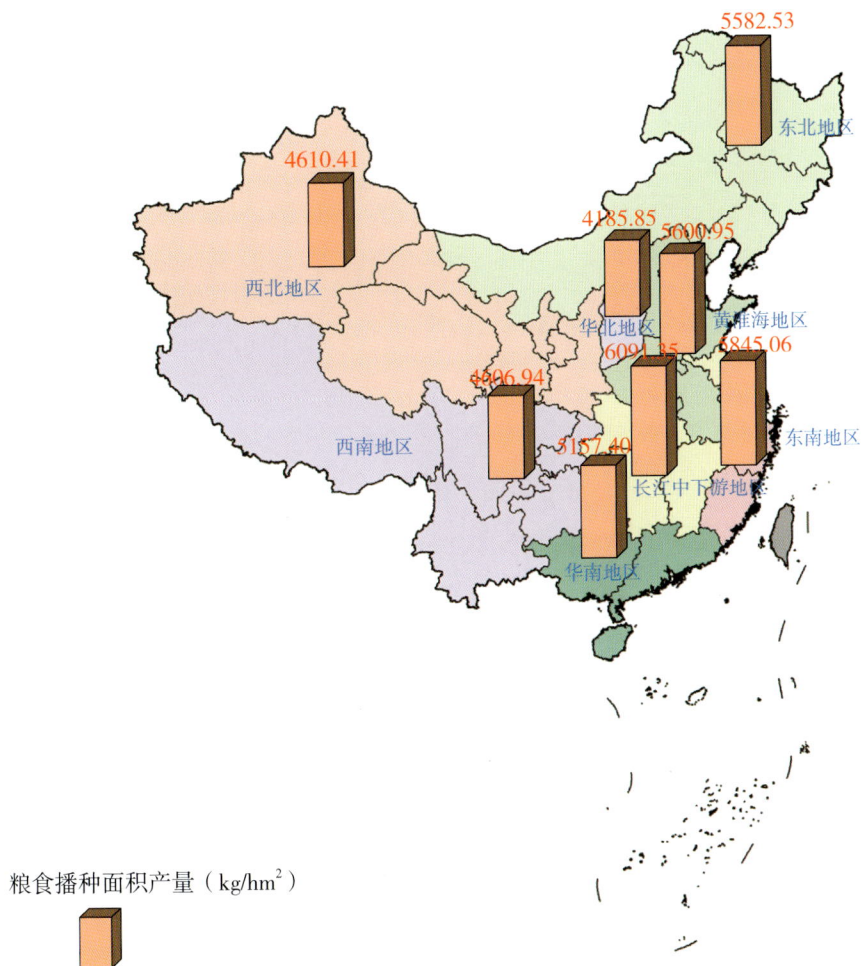

图2-16　2014年各区域粮食单产

下游地区、东南地区、黄淮海地区和东北地区、的粮食单产均高于全国均值，分别为6091.35kg/hm²、5845.06kg/hm²、5600.95kg/hm²和5582.53kg/hm²；华南地区单产略低于全国均值，为5157.40kg/hm²；而西北地区、西南地区和华北地区的粮食单产较低，其中华北地区最低，为4185.85kg/hm²，仅为全国均值的77.73%，为长江中下游地区的68.72%。

各区域2014年粮食单产与2013年的对照情况见表2-13。与2013年相比，除东北地区和华北地区粮食单产有一定下降外，其他各区域粮食单产均有一定增加，其中华南地区增量与增幅均最大，增量为114.31kg/hm²，增幅为2.27%。

表2-13 2014年各区域粮食单产与2013年比较

区域名称	粮食单产（kg/hm²）		变化情况	
	2013年	2014年	变化量（kg/hm²）	变化率（%）
华北	4205.09	4185.85	−19.23	−0.46
东北	5763.84	5582.53	−181.31	−3.15
黄淮海	5569.8/	5600.95	31.08	0.56
西北	4533.82	4610.41	76.59	1.69
东南	5763.27	5845.06	81.79	1.42
长江中下游	6009.96	6091.35	81.39	1.35
华南	5043.09	5157.40	114.31	2.27
西南	4531.78	4606.94	75.15	1.66
全国	5376.59	5385.14	8.55	0.16

四、区域人均粮食占有量

图2-17为2014年各区域人口数量分布图。各区域人口数量由高到低依次为：黄淮海地区、长江中下游地区、西南地区、华南地区、东北地区、东南地区、西北地区和华北地区。其中黄淮海地区人口占全国总人口比例为24.00%，长江中下游地区为18.39%，华北地区人口数量最小，仅为全国总人口的5.37%。

2014年各区域人均粮食占有量，如图2-18所示。2014年全国人均粮食占有量为445.54kg。东北地区和黄淮海地区人均粮食占有量高于全国平均水平，其中东北地区人均粮食占有量为1059.41kg，约为全国平均值的2.4倍；长江中下游地区、西北地区和西南地区接近全国平均水平，分别为447.80kg、429.28kg和387.20kg；华北地区、华南地区和东南地区远低于全国平均水平，分别为214.66kg、187.92kg和130.91kg，均不足全国平均值的50%，其中东南地区最低，不足全国平均水平的30%。

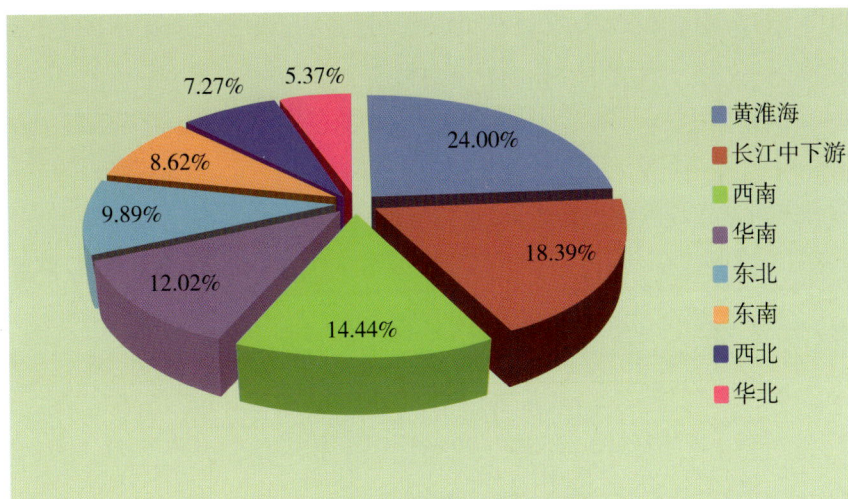

图2-17　2014年各区域人口数量

人均粮食占有量（kg）

图2-18　2014年各区域人均粮食占有量

表2–14为2014年各区域人均粮食占有量与2013年对照情况。与2013年相比，除华北地区和东北地区人均粮食占有量有一定下降外（降幅分别为2.17%和1.72%），其他各区域人均粮食占有量均有所增加，其中长江中下游地区增量和增幅均最大，分别为8.30kg和1.89%。

表2–14 2014年各区域人均粮食占有量与2013年比较

区域名称	人均粮食占有量（kg/人）		变化情况	
	2013年	2014年	变化量（kg/人）	变化率（%）
华北	219.44	214.66	−4.77	−2.17
东北	1077.91	1059.41	−18.50	−1.72
黄淮海	519.44	524.44	5.00	0.96
西北	427.48	429.28	1.79	0.42
东南	129.41	130.91	1.50	1.16
长江中下游	439.50	447.80	8.30	1.89
华南	186.28	187.92	1.64	0.88
西南	382.34	387.20	4.86	1.27
全国	444.18	445.54	1.36	0.31

第三节 南北方粮食生产

根据各省级行政区的地理位置、气候条件、水资源特征等属性差异，将中国分为南方和北方两大区域，其中北方地区包括15个省级行政区；南方地区包括16个省级行政区，详见附录。

本节主要阐述2014年南方、北方两大区域的粮食生产状况，包括粮食播种面积、产量、单产及人均粮食占有量等，并与2013年进行对比。

一、南北方粮食播种面积

2014年北方地区粮食播种面积为6254.37万hm²，南方地区为5017.88万hm²，二者分别占全国粮食总播种面积的55.48%和44.52%，如图2-19所示。

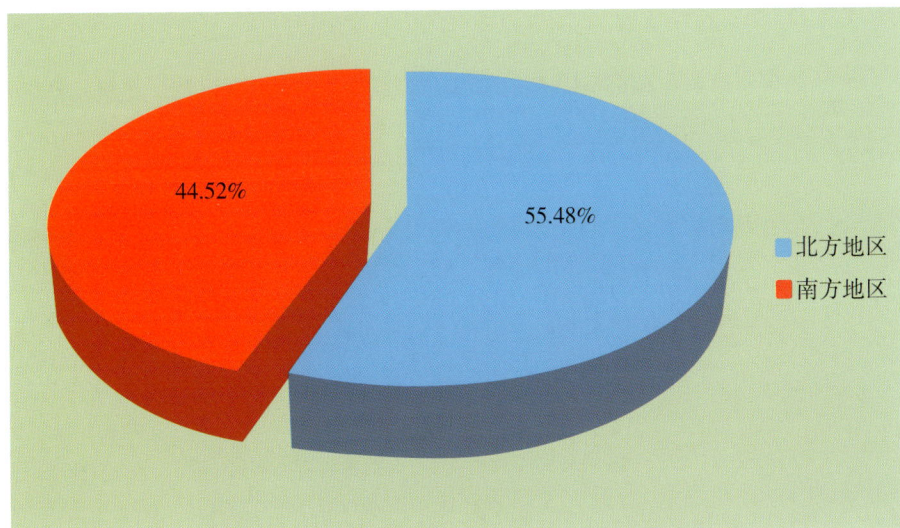

图2-19 2014年南北方粮食播种面积占全国比例

与2013年相比，2014年北方和南方地区的粮食播种面积都有所增加，其中北方地区增加60.72万hm²，增幅0.98%；南方地区增加15.96万hm²，增幅0.32%，见表2-15。从增量和增幅来看，北方均高于南方，南北方粮食播种面积差距进一步拉大。

表2-16为2014年南北方粮食播种面积占农作物播种面积比例。2014年北方地区粮食作物播种面积比例较南方地区高出13.28%。

表2-15　2014年南北方粮食播种面积与2013年比较

区域名称	粮食播种面积（万hm²）		变化情况	
	2013年	2014年	变化量（万hm²）	变化率（%）
北　方	6193.65	6254.37	60.72	0.98
南　方	5001.92	5017.88	15.96	0.32
全　国	11195.57	11272.25	76.68	0.68

表2-16　2014年南北方粮食播种面积占农作物播种面积比例

区域名称	粮食播种面积（万hm²）	农作物播种面积（万hm²）	比例（%）
北　方	6254.37	8373.32	74.69
南　方	5017.88	8171.29	61.41
全　国	11272.25	16544.61	68.13

二、南北方粮食产量

2014年北方地区的粮食产量为33835.4万t，占全国总产的55.74%；南方地区产量为26867.2万t，占全国总产的44.26%，如图2-20所示。

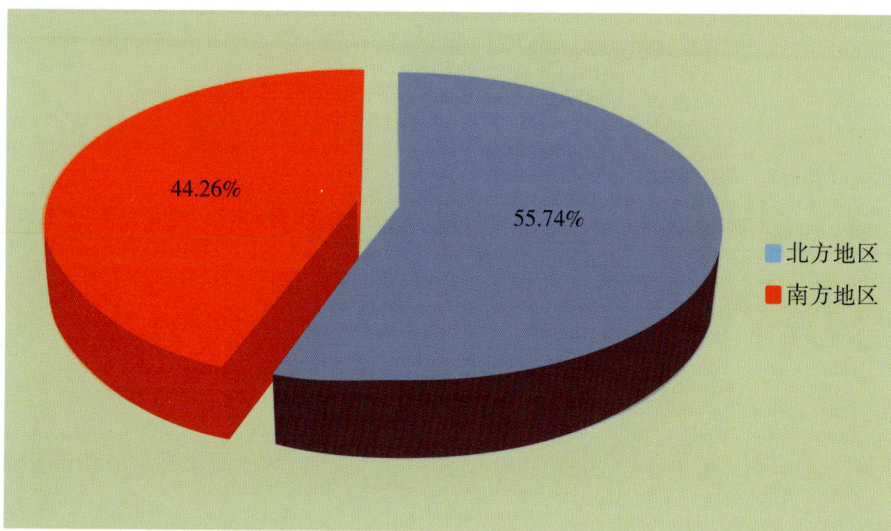

图2-20　2014年南北方粮食产量占全国比例

与2013年相比，2014年北方地区粮食产量减少86.3万t，降幅0.25%；南方地区粮食产量增加594.9万t，增幅2.26%，见表2-17。2014年北方粮食产量比南方高出6968.2万t。

表2-17　2014年南北方粮食产量与2013年比较

区域名称	粮食产量（万t）		变化情况	
	2013年	2014年	变化量（万t）	变化率（%）
北　方	33921.7	33835.4	-86.3	-0.25
南　方	26272.3	26867.2	594.9	2.26
全　国	60194.0	60702.6	508.6	0.84

三、南北方粮食平均单产

2014年北方地区粮食单产为5409.88kg/hm^2，高于南方地区的5354.29kg/hm^2。

与2013年相比，2014年北方地区粮食单产降低66.97kg/hm^2，降幅1.22%；南方地区粮食单产增加101.87kg/hm^2，增幅1.94%，见表2-18。

表2-18　2014年南北方粮食单产与2013年比较

区域名称	粮食单产（kg/hm^2）		变化情况	
	2013年	2014年	变化量（kg/hm^2）	变化率（%）
北方	5476.85	5409.88	-66.97	-1.22
南方	5252.42	5354.29	101.87	1.94
全国	5376.59	5385.14	8.55	0.16

四、南北方人均粮食占有量

2014年，北方地区粮食产量为33835.4万t，大于南方地区的26867.2万t，而北方地区人口总和为57316万，小于南方地区的78930万，因此造成了两大区域的人均粮食占有量差距较大。北方地区人均粮食占有量为590.33kg，而南方地区为341.17kg，仅为北方地区的57.79%。

与2013年相比，北方地区人均粮食占有量减少4.66kg，降幅0.78%；南方地区增加6.51kg，降幅1.94%，见表2-19。

表2-19　2014年中国南北方地区人均粮食占有量与2013年比较

区域名称	人均粮食占有量（kg）		变化情况	
	2013年	2014年	变化量（kg）	变化率（%）
北方	594.99	590.33	-4.66	-0.78
南方	334.66	341.17	6.51	1.94
全国	444.18	445.54	1.36	0.31

第三章 | 粮食生产水足迹

粮食生产水足迹为生产单位质量粮食所消耗的水资源数量（包括蓝水与绿水），单位为m³/kg。粮食生产蓝（绿）水足迹可以表述为生产单位质量粮食所消耗的蓝（绿）水资源数量，具体内涵及计算方法见附录。

粮食水足迹为某一地区在一定时间内（通常为1年）因生产粮食所消耗的水资源总量（包括蓝水与绿水），单位通常为亿m³。粮食蓝（绿）水足迹可以表述为某一地区在一定时间内（通常为1年）因生产粮食所消耗的蓝（绿）水资源总量，具体内涵及计算方法见附录。

2014年中国粮食生产水足迹为1.120m³/kg，较2013年降低2.32%；其中蓝水为0.468m³/kg，减小1.23%；绿水为0.652m³/kg，减小3.16%。2014年中国粮食水足迹为6799.7亿m³，较2013年减少1.49%；其中蓝水为2844.4亿m³，减小0.27%；绿水为3955.3亿m³，减小2.35%。

本章主要阐述2014年中国31个省级行政区、八大区域以及南北方粮食生产水足迹及其构成，粮食水足迹及其构成，并与2013年进行比较。

第一节　各省级行政区粮食生产水足迹

本节主要阐述2014年中国31个省级行政区的粮食生产水足迹和粮食水足迹，并与2013年进行比较。

一、各省级行政区粮食生产水足迹

（一）粮食生产水足迹

2014年中国粮食生产水足迹为1.120m³/kg，较2013年减小0.027m³/kg，降幅2.32%；其中蓝水为0.468m³/kg，减小0.006m³/kg，降幅1.23%；绿水为0.652m³/kg，减少0.021m³/kg，降幅3.16%。图3-1为2014年中国31个省级行政区粮食生产水足迹的空间分布情况。

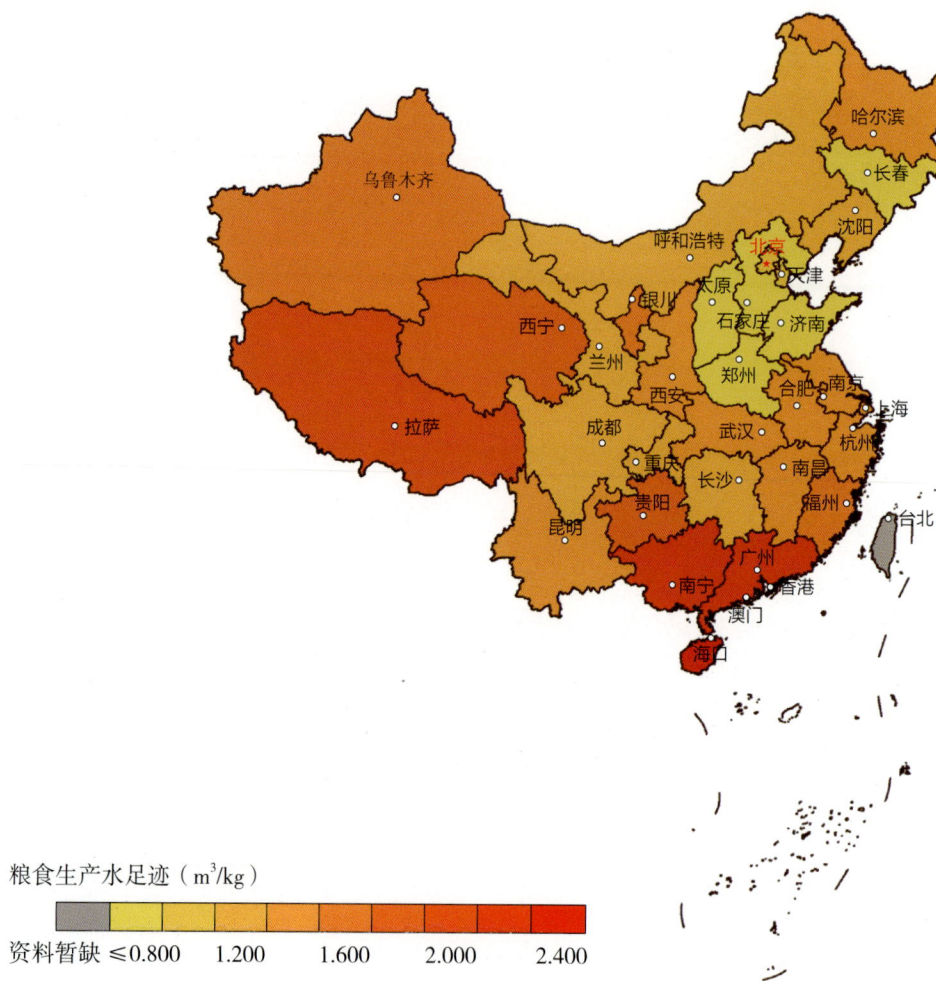

粮食生产水足迹（m³/kg）

资料暂缺　≤0.800　1.200　1.600　2.000　2.400

图3-1　2014年各省级行政区粮食生产水足迹空间分布

2014年粮食生产水足迹高于全国平均值的有19个省级行政区，低于全国平均值的有12个。大于2.0m³/kg的有海南、广东和广西，分别为2.236m³/kg、2.078m³/kg和2.045m³/kg；粮食生产水足迹为1.5~2.0m³/kg的有西藏、青海和贵州3个省级行政区；粮食生产水足迹为1.0~1.5m³/kg的有18个省级行政区；小于1.0m³/kg的有天津、北京、吉林、河北、河南、山东和山西7个省级行政区，其中山西最小，为0.673m³/kg。

表3-1为2014年各省级行政区粮食生产水足迹与2013年的比较。2014年有12个省级行政区粮食生产水足迹增加，其中重庆增量和增幅均最大，分别为0.081m³/kg和8.58%；粮食生产水足迹增量超过0.05m³/kg的还有宁夏、陕西、江苏、北京和贵州5个省级行政区；其余省级行政区增量小于0.05m³/kg，其中福建最小，为0.009m³/kg，增幅为0.59%。

表3-1　2014年各省级行政区粮食生产水足迹与2013年比较

省级行政区	粮食生产水足迹（m³/kg）		变化情况	
	2013年	2014年	变化量（m³/kg）	变化率（%）
北　京	0.872	0.933	0.061	7.03
天　津	1.146	0.962	−0.184	−16.05
山　西	0.858	0.673	−0.185	−21.60
内蒙古	1.000	1.022	0.022	2.15
辽　宁	1.083	1.044	−0.039	−3.63
吉　林	0.911	0.781	−0.129	−14.21
黑龙江	1.365	1.297	−0.068	−4.95
河　北	0.875	0.765	−0.109	−12.49
河　南	0.692	0.717	0.025	3.67
山　东	0.710	0.684	−0.026	−3.70
安　徽	1.303	1.280	−0.023	−1.75
陕　西	1.163	1.240	0.077	6.62
甘　肃	1.098	1.073	−0.025	−2.29
青　海	1.862	1.776	−0.086	−4.60
宁　夏	1.390	1.467	0.077	5.56
新　疆	1.558	1.494	−0.064	−4.11
上　海	1.332	1.311	−0.022	−1.63
浙　江	1.437	1.399	−0.038	−2.63
福　建	1.454	1.463	0.009	0.59

续表

省级行政区	粮食生产水足迹（m³/kg）		变化情况	
	2013年	2014年	变化量（m³/kg）	变化率（%）
江　苏	1.213	1.289	0.076	6.23
湖　北	1.201	1.217	0.016	1.34
湖　南	1.208	1.176	−0.031	−2.61
江　西	1.245	1.275	0.030	2.45
广　东	2.312	2.078	−0.234	−10.12
广　西	2.076	2.045	−0.031	−1.47
海　南	2.410	2.236	−0.174	−7.21
重　庆	0.945	1.027	0.081	8.58
四　川	0.983	1.002	0.018	1.88
贵　州	1.614	1.672	0.057	3.54
云　南	1.484	1.321	−0.163	−11.00
西　藏	1.886	1.804	−0.082	−4.37
全　国	1.147	1.120	−0.027	−2.32

19个省级行政区粮食生产水足迹减小，广东减量最大，为0.234m³/kg；减量在0.1~2.0m³/kg的有山西、天津、海南、云南、吉林和河北6个省级行政区；其余省级行政区减量小于0.1m³/kg，其中上海最小，为0.022m³/kg。就降幅而言，山西最大，为21.60%；降幅在10%~20%的有天津、吉林、河北、云南和广东5个省级行政区；其余省级行政区降幅均在10%以下。

（二）粮食生产蓝水足迹

2014年全国粮食生产蓝水足迹为0.468m³/kg，与2013年相比减少0.006m³/kg，降幅1.23%。

图3-2为2014年各省级行政区粮食生产蓝水足迹空间分布。2014年，有17个省级行政区高于全国平均值，14个省级行政区低于全国平均值。粮食生产蓝水足迹大于1.0m³/kg的有海南、新疆、西藏、广东和广西5个省级行政区，分别为1.453m³/kg、1.310m³/kg、1.245m³/kg、1.198m³/kg和1.165m³/kg；粮食生产蓝水足迹为0.5~1.0m³/kg的有青海、宁夏、福建、浙江、上海、江西、江苏、湖南、黑龙江、甘肃和天津11个省级行政区，均高于全国粮食生产蓝水足迹均值；小于0.5m³/kg的有15个省级行政区，其中河南最低，为0.160m³/kg。

表3-2为2014年各省级行政区粮食生产蓝水足迹与2013年比较。与2013年相比，全国有14个省级行政区粮食生产蓝水足迹出现增加，海南增量最大，为0.104m³/kg，增幅7.73%；其余省级行政区增量均在0.1m³/kg以下，其中云南最小，为0.001m³/kg。增幅最大的是北京，为23.59%；其次是辽宁、山东和甘肃，分别为18.95%、13.68%和10.64%；其余增幅均在10%以下，其中云南最小，为0.42%。

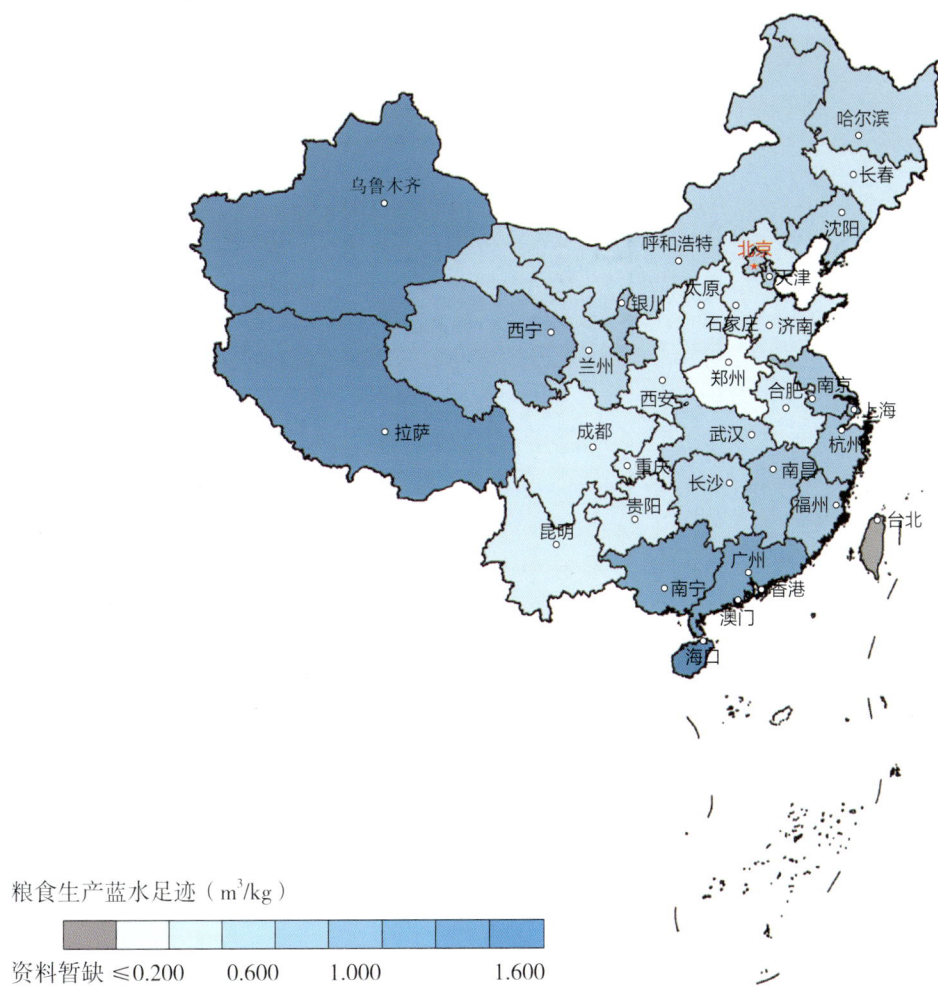

粮食生产蓝水足迹（m³/kg）

资料暂缺　≤0.200　0.600　1.000　1.600

图3-2　2014年各省级行政区粮食生产蓝水足迹空间分布

表3-2　2014年各省级行政区粮食生产蓝水足迹与2013年比较

省级行政区	粮食生产蓝水足迹（m³/kg）		变化情况	
	2013年	2014年	变化量（m³/kg）	变化率（%）
北　京	0.384	0.475	0.091	23.59
天　津	0.485	0.501	0.017	3.46
山　西	0.276	0.286	0.010	3.46
内蒙古	0.411	0.429	0.018	4.31
辽　宁	0.377	0.448	0.071	18.95
吉　林	0.252	0.260	0.008	3.21
黑龙江	0.551	0.553	0.003	0.51
河　北	0.358	0.329	−0.029	−8.15

续表

省级行政区	粮食生产蓝水足迹（m³/kg）		变化情况	
	2013年	2014年	变化量（m³/kg）	变化率（%）
河　南	0.209	0.160	−0.049	−23.45
山　东	0.223	0.254	0.031	13.68
安　徽	0.401	0.331	−0.070	−17.49
陕　西	0.365	0.358	−0.007	−1.96
甘　肃	0.489	0.542	0.052	10.64
青　海	1.093	0.929	−0.163	−14.94
宁　夏	0.914	0.788	−0.126	−13.77
新　疆	1.331	1.310	−0.021	−1.61
上　海	0.798	0.703	−0.095	−11.95
浙　江	0.790	0.742	−0.049	−6.15
福　建	0.743	0.782	0.039	5.31
江　苏	0.638	0.615	−0.023	−3.67
湖　北	0.473	0.455	−0.018	−3.78
湖　南	0.570	0.584	0.014	2.40
江　西	0.691	0.679	−0.012	−1.67
广　东	1.234	1.198	−0.036	−2.91
广　西	1.171	1.165	−0.006	−0.48
海　南	1.349	1.453	0.104	7.73
重　庆	0.213	0.210	−0.003	−1.44
四　川	0.353	0.376	0.023	6.41
贵　州	0.327	0.280	−0.047	−14.35
云　南	0.345	0.346	0.001	0.42
西　藏	1.269	1.245	−0.024	−1.90
全　国	0.474	0.468	−0.006	−1.23

　　17个省级行政区粮食生产蓝水足迹出现下降，青海和宁夏减量较大，分别为0.163m³/kg和0.126m³/kg；其余减量均在0.1m³/kg以下，其中重庆最小，为0.003m³/kg。降幅最大的是河南，为23.45%；其次是安徽、青海、贵州、宁夏和上海，降幅分别为17.49%、14.94%、14.35%、13.77%和11.95%；其余降幅均在10%以下，其中广西最小，为0.48%。

（三）粮食生产绿水足迹

2014年全国粮食生产绿水足迹为0.652m³/kg，与2013年相比减少0.021m³/kg，降幅3.16%。

图3-3为2014年粮食生产绿水足迹的空间分布格局。2014年粮食生产绿水足迹高于全国平均值的有15个省级行政区，其中贵州最高，达1.392m³/kg；其余省级行政区均低于1.0m³/kg。粮食生产绿水足迹低于全国平均值的有16个省级行政区，天津、北京、河北、山东、山西和新疆最低，分别为0.461m³/kg、0.458m³/kg、0.436m³/kg、0.430m³/kg、0.387m³/kg和0.184m³/kg，其余均在0.5m³/kg以上。各省级行政区粮食生产绿水足迹的分布特征与中国降水量分布格局大体一致，由东南向西北呈递减趋势。

表3-3为2014年各省级行政区粮食生产绿水足迹与2013年比较。与2013年相比，2014年有13个省级行政区的粮食生产绿水足迹增大。就增量而言，宁夏最大，为0.204m³/kg；其次是贵州，为0.104m³/kg；其余增量均在0.1m³/kg以下。就增幅而言，宁夏最大，为42.82%；增幅为10%~20%的有江苏、河南、上海、重庆、陕西和青海6个省级行政区，其余6个省级行政区增幅在10%以下。

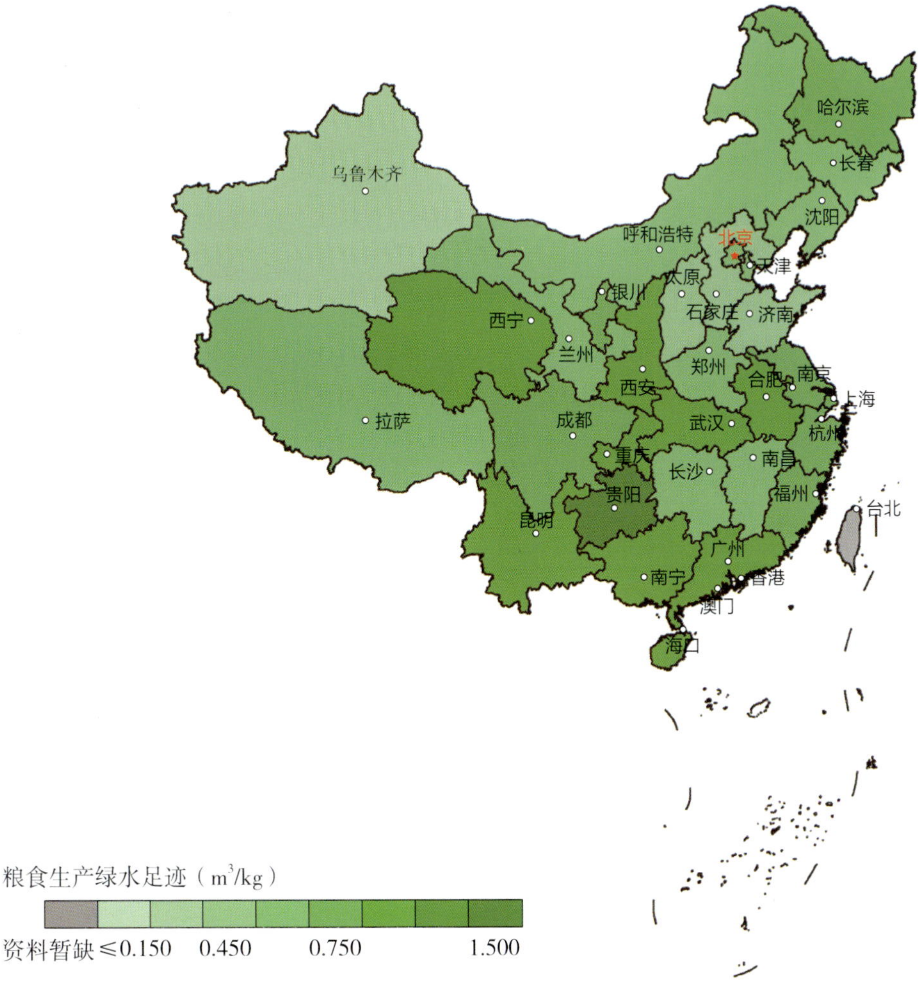

图3-3　2014年各省级行政区粮食生产绿水足迹空间分布

表3-3　2014年各省级行政区粮食生产绿水足迹与2013年比较

省级行政区	粮食生产绿水足迹（m³/kg）		变化情况	
	2013年	2014年	变化量（m³/kg）	变化率（%）
北　京	0.488	0.458	−0.030	−6.13
天　津	0.661	0.461	−0.201	−30.34
山　西	0.582	0.387	−0.194	−33.42
内蒙古	0.589	0.593	0.004	0.65
辽　宁	0.706	0.596	−0.111	−15.67
吉　林	0.659	0.521	−0.138	−20.87
黑龙江	0.814	0.744	−0.070	−8.64
河　北	0.517	0.436	−0.081	−15.63
河　南	0.483	0.557	0.074	15.30
山　东	0.487	0.430	−0.057	−11.67
安　徽	0.902	0.949	0.047	5.25
陕　西	0.798	0.882	0.084	10.54
甘　肃	0.609	0.531	−0.078	−12.81
青　海	0.769	0.847	0.078	10.21
宁　夏	0.476	0.679	0.204	42.82
新　疆	0.227	0.184	−0.042	−18.61
上　海	0.534	0.608	0.074	13.80
浙　江	0.647	0.657	0.010	1.58
福　建	0.711	0.681	−0.030	−4.18
江　苏	0.575	0.674	0.098	17.09
湖　北	0.728	0.762	0.034	4.67
湖　南	0.638	0.592	−0.046	−7.19
江　西	0.554	0.596	0.042	7.59
广　东	1.078	0.880	−0.198	−18.37
广　西	0.905	0.880	−0.025	−2.76
海　南	1.061	0.783	−0.277	−26.15
重　庆	0.732	0.817	0.085	11.59
四　川	0.630	0.626	−0.004	−0.66
贵　州	1.287	1.392	0.104	8.08

省级行政区	粮食生产绿水足迹（m³/kg）		变化情况	
	2013年	2014年	变化量（m³/kg）	变化率（%）
云　南	1.139	0.975	−0.164	−14.38
西　藏	0.617	0.559	−0.058	−9.45
全　国	0.673	0.652	−0.021	−3.16

2014年粮食生产绿水足迹下降的有18个省级行政区。海南和天津减量较大，分别为0.277m³/kg和0.201m³/kg；减量在0.1~0.2m³/kg的有广东、山西、云南、吉林和辽宁5省级行政区；其余减量均在0.1m³/kg以下。山西和天津降幅较大，分别为33.42%和30.34%，其次是海南和吉林，分别为26.15%和20.87%；降幅在10%~20%的有7个省级行政区，其余省级行政区降幅均在10%以下。

（四）产销区粮食生产水足迹及其构成

2014年粮食主产区的粮食生产水足迹为1.022m³/kg，其中蓝水和绿水分别为0.401m³/kg和0.621m³/kg，为3个类型区最低，如图3-4所示。说明粮食主产区的农业水资源利用效率高于其他两个类型区。

主销区的粮食生产水足迹为3个类型区最高，为1.701m³/kg，其中蓝水和绿水分别为0.957m³/kg和0.744m³/kg。

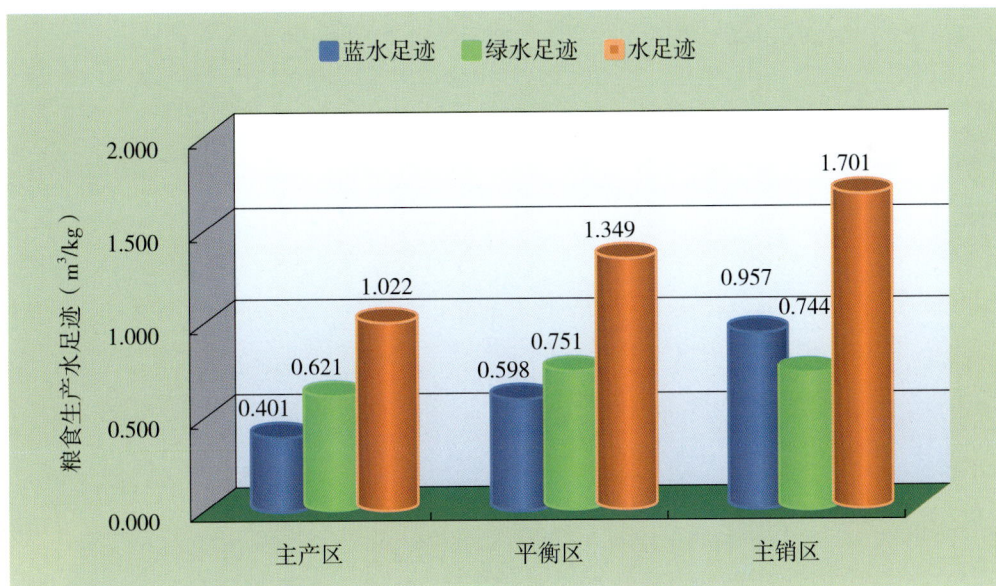

图3-4　2014年产销区粮食生产水足迹

表3-4为2014年产销区粮食生产水足迹与2013年比较。2014年各类型区粮食生产水足迹均有所降低，其中主销区减量和降幅均最大，分别为0.110m³/kg和6.06%；主产区减量和降幅均最小，分别为0.019m³/kg和1.83%。

表3-4 2014年产销区粮食生产水足迹与2013比较

产销区	粮食生产水足迹（m³/kg）		变化情况	
	2013年	2014年	变化量（m³/kg）	变化率（%）
主产区	1.041	1.022	-0.019	-1.83
平衡区	1.386	1.349	-0.037	-2.65
主销区	1.811	1.701	-0.110	-6.06
全国	1.147	1.120	-0.027	-2.32

表3-5为2014年产销区粮食生产蓝水足迹与2013年比较。2014年各类型区粮食生产蓝水足迹均有所降低，其中平衡区减量和降幅均最大，分别为0.009m³/kg和1.47%。

表3-5 2014年产销区粮食生产蓝水足迹与2013比较

产销区	粮食生产蓝水足迹（m³/kg）		变化情况	
	2013年	2014年	变化量（m³/kg）	变化率（%）
主产区	0.406	0.401	-0.005	-1.21
平衡区	0.607	0.598	-0.009	-1.47
主销区	0.963	0.957	-0.006	-0.58
全国	0.474	0.468	-0.006	-1.23

表3-6为2014年产销区粮食生产绿水足迹与2013年比较。2014年各类型区粮食生产绿水足迹均有所降低，其中主销区减量和降幅均最大，分别为0.104m³/kg和12.28%；主产区减量和降幅均最小，分别为0.014m³/kg和2.13%。

表3-6 2014年产销区粮食生产绿水足迹与2013比较

产销区	粮食生产绿水足迹（m³/kg）		变化情况	
	2013年	2014年	变化量（m³/kg）	变化率（%）
主产区	0.635	0.621	-0.014	-2.13
平衡区	0.779	0.751	-0.028	-3.57
主销区	0.848	0.744	-0.104	-12.28
全国	0.673	0.652	-0.021	-3.16

二、各省级行政区粮食水足迹

2014年全国粮食水足迹为6799.7亿m³，其中蓝水为2844.4亿m³，绿水为3955.3亿m³，蓝水足迹比例（区域蓝水足迹占其水足迹的比例）为41.83%，绿水足迹比例（区域绿水足迹占其水足迹的比例）为58.17%，如图3-5所示。

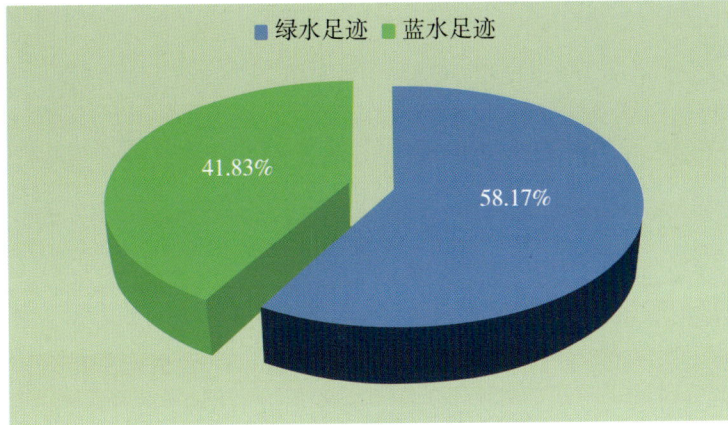

图3-5 2014年全国粮食水足迹构成

（一）粮食水足迹

图3-6所示，黑龙江省粮食水足迹全国最大，为809.8亿m³，明显高于其他省级行政区；其次为江苏、安徽和河南，分别为449.8亿m³、437.2亿m³和414.1亿m³；粮食水足迹为300亿~400亿m³的有湖南、

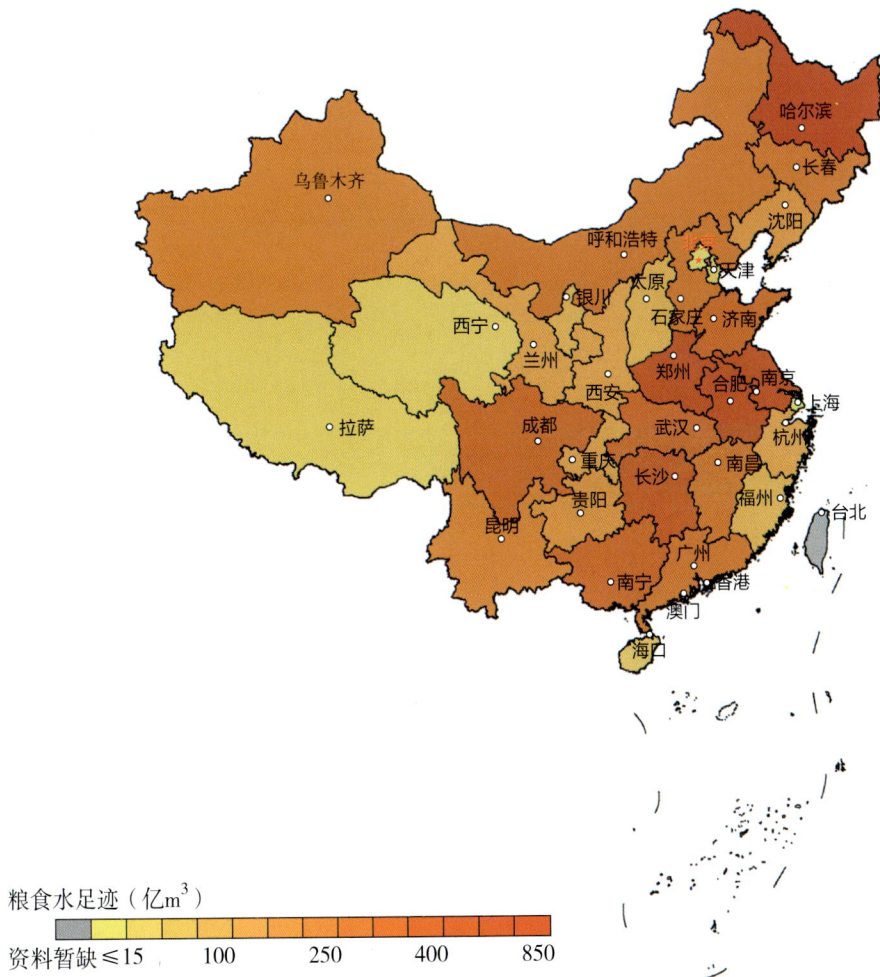

粮食水足迹（亿m³）

资料暂缺 ≤15　　100　　250　　400　　850

图3-6 2014年各省级行政区粮食水足迹

四川、湖北、山东和广西5个省级行政区；粮食水足迹为200亿~300亿m³的省级行政区有7个；粮食水足迹为100亿~200亿m³的有6个；其余9个省级行政区在100亿m³以下，其中北京最小，仅为6.0亿m³。

由表3-7可以看出，黑龙江粮食水足迹占全国比例最大，为11.91%；所占比例为5%~10%的有江苏、安徽、河南和湖南；所占比例为1%~5%的有19个省级行政区；小于1%的有7个省级行政区，其中北京最小，为0.09%。

表3-7 2014年各省级行政区粮食水足迹占全国的比例

排序	省级行政区	粮食水足迹占全国比例（%）	排序	省级行政区	粮食水足迹占全国比例（%）
1	黑龙江	11.91	17	贵 州	2.80
2	江 苏	6.61	18	辽 宁	2.69
3	安 徽	6.43	19	陕 西	2.18
4	河 南	6.09	20	甘 肃	1.83
5	湖 南	5.19	21	重 庆	1.73
6	四 川	4.97	22	浙 江	1.56
7	湖 北	4.63	23	福 建	1.43
8	山 东	4.62	24	山 西	1.32
9	广 西	4.62	25	宁 夏	0.82
10	广 东	4.15	26	海 南	0.61
11	内蒙古	4.14	27	青 海	0.27
12	吉 林	4.06	28	西 藏	0.26
13	江 西	4.02	29	天 津	0.25
14	河 北	3.78	30	上 海	0.22
15	云 南	3.61	31	北 京	0.09
16	新 疆	3.11			

按从大到小的顺序绘制各省级行政区粮食水足迹占全国水足迹比例的累积曲线，如图3-7所示，排列前8位的省级行政区粮食水足迹之和为50.45%，超过了全国的一半；排列前11位、13位、16位和20位的省级行政区粮食水足迹之和分别超过了全国粮食水足迹的60%、70%、80%和90%；其余的11个省级行政区粮食水足迹之和不足全国的10%。

从分布格局上看，各省级行政区间蓝水足迹比例差异很大，如图3-8所示。2014年全国平均蓝水足迹比例为41.83%。蓝水足迹比例在50%以上的省级行政区有14个，其中新疆最大，为87.66%；其次是西藏和海南，分别为69.01%和64.97%；蓝水足迹比例为50%~60%的有广东、广西、宁夏、上海、福建、江西、浙江、青海、天津、北京和甘肃11个省级行政区。

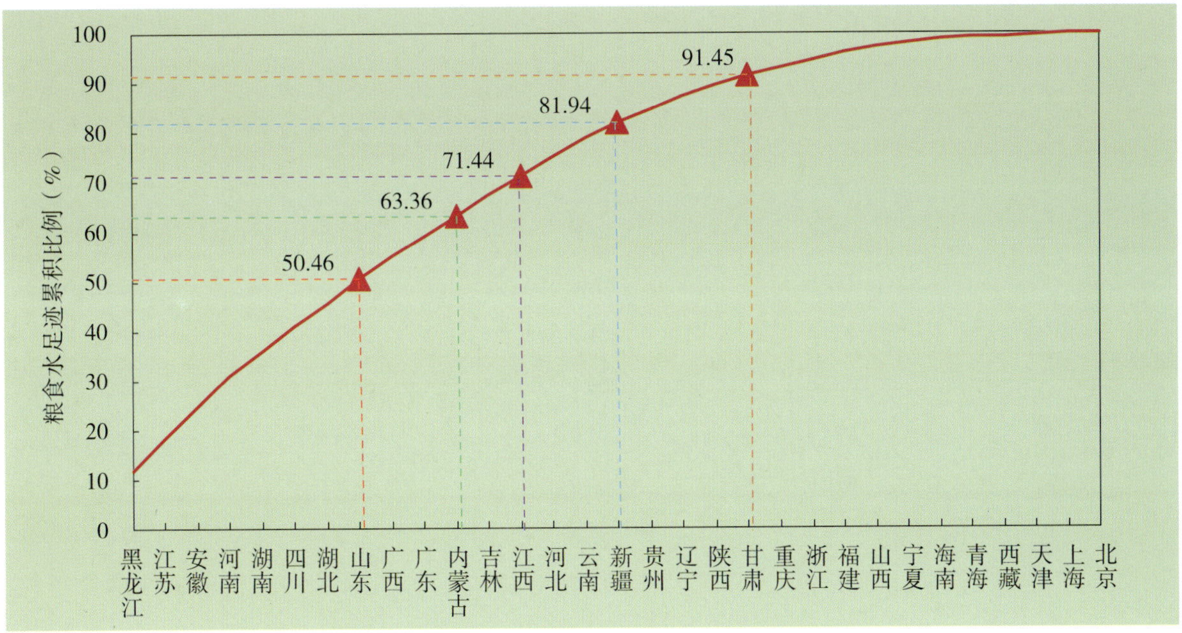

图3-7　2014年各省级行政区粮食水足迹累积比例

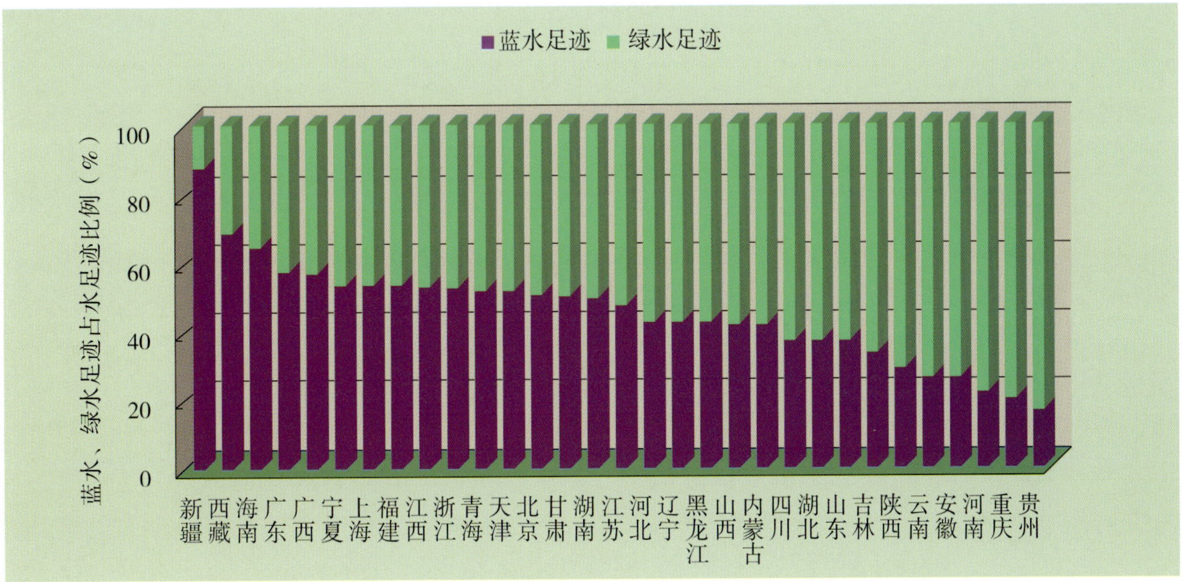

图3-8　2014年各省级行政区粮食水足迹中的蓝水、绿水足迹比例

　　蓝水足迹比例不足50%的有17个省级行政区，其中比例为40%~50%的有7个省级行政区；比例为30%~40%的有4个省级行政区；比例为20%~30%的有5个省级行政区；比例最小的是贵州，为16.75%。表明位于西北地区的干旱地区和位于东南地区和华南地区的丰水地区蓝水足迹较大。

　　表3-8为2014年各省级行政区粮食水足迹与2013年比较。从全国看，粮食水足迹由2013年的6902.6亿m³减少到2014的6799.7亿m³，减少102.9亿m³，降幅1.49%。

表3-8 2014年各省级行政区粮食水足迹与2013年比较

区域名称	粮食水足迹（亿m³）		变化情况	
	2013年	2014年	变化量（亿m³）	变化率（%）
北 京	8.4	6.0	−2.4	−28.85
天 津	20.1	16.9	−3.2	−15.77
山 西	112.6	89.5	−23.1	−20.52
内蒙古	277.4	281.3	3.9	1.42
辽 宁	237.8	183.1	−54.7	−23.02
吉 林	323.4	276.0	−47.4	−14.65
黑龙江	819.5	809.8	−9.7	−1.18
河 北	294.4	257.2	−37.2	−12.63
河 南	395.7	414.1	18.4	4.65
山 东	321.7	314.5	−7.2	−2.25
安 徽	427.2	437.2	10.0	2.33
陕 西	141.4	148.5	7.1	5.04
甘 肃	125.1	124.3	−0.8	−0.63
青 海	19.1	18.6	−0.5	−2.29
宁 夏	51.9	55.4	3.5	6.88
新 疆	214.5	211.3	−3.2	−1.50
上 海	15.2	14.7	−0.5	−3.05
浙 江	105.5	106.0	0.5	0.48
福 建	96.5	97.6	1.1	1.09
江 苏	415.4	449.8	34.4	8.27
湖 北	300.3	314.5	14.2	4.70
湖 南	353.5	353.1	−0.4	−0.12
江 西	263.3	273.3	10.0	3.77
广 东	304.2	282.0	−22.2	−7.29
广 西	315.8	313.8	−2.0	−0.63
海 南	46.0	41.7	−4.3	−9.27
重 庆	108.6	117.5	8.9	8.24
四 川	333.0	338.1	5.1	1.51
贵 州	166.3	190.3	24.0	14.45
云 南	270.6	245.8	−24.8	−9.18
西 藏	18.1	17.7	−0.4	−2.53
全 国	6902.6	6799.7	−102.9	−1.49

与2013年相比，有13个省级行政区粮食水足迹出现增加。就增量而言，江苏最大，为34.3亿m³；其次是贵州、河南和湖北，分别为24.0亿m³、18.4亿m³和14.1亿m³；其余9个省级行政区增量均在10亿m³以下。就增幅而言，贵州最大，为14.45%；其余11个省级行政区增幅均在10%以下。

有18个省级行政区粮食水足迹出现减少。就减量而言，辽宁最大，为54.7亿m³；其次是吉林，为47.4亿m³；减量为20亿~40亿m³的有4个省级行政区；其余12个省级行政区减量均在10亿m³以下。就降幅而言，北京、辽宁和山西较大，分别为28.85%、23.02%和20.52%；降幅在10%~20%的有天津、吉林和河北3个省级行政区；其余12个省级行政区减量均在10%以下。

（二）粮食蓝水足迹

如图3-9所示，粮食蓝水足迹最大的是黑龙江，为345.5亿m³；其次是江苏，为214.6亿m³；粮食蓝水足迹为150亿~200亿m³的省级行政区有新疆、广西、湖南和广东，分别为185.2亿m³、178.8亿m³、175.5亿m³

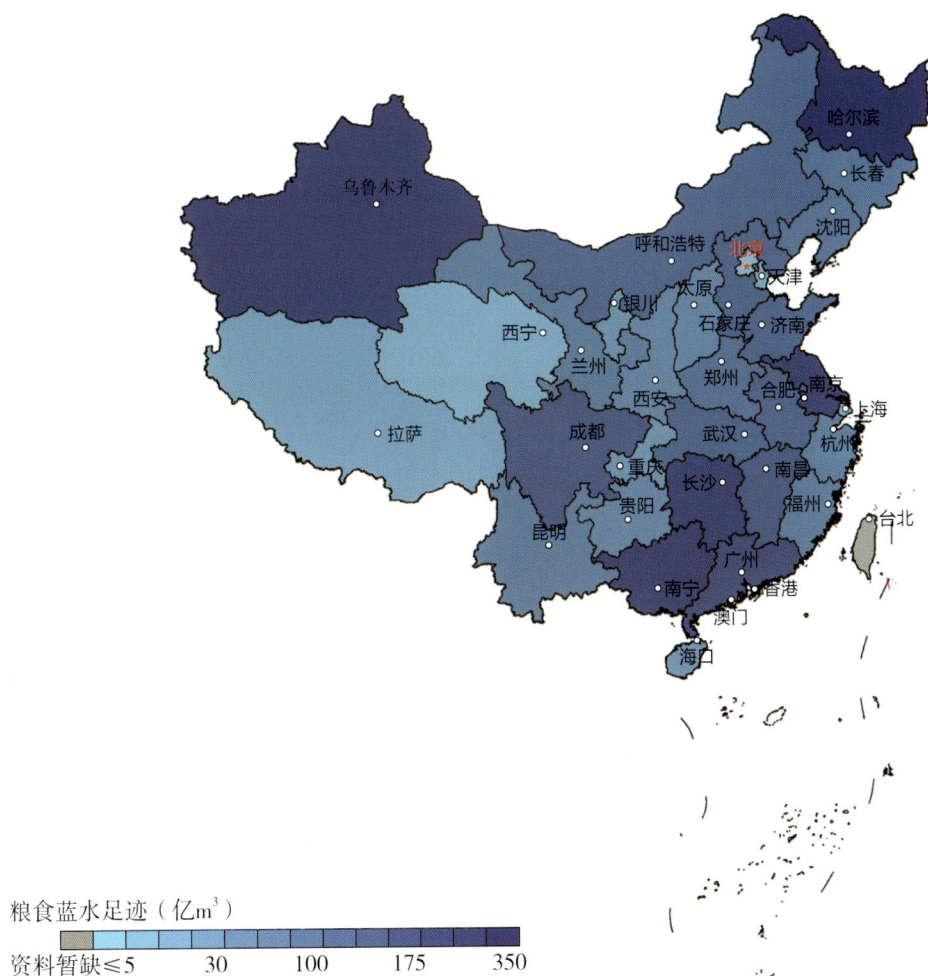

图3-9　2014年各省级行政区粮食蓝水足迹

和162.6亿m³；粮食蓝水足迹为100亿~150亿m³的有7个省级行政区；粮食蓝水足迹为50亿~100亿m³的有7个；其余11个省级行政区粮食蓝水足迹均小于50亿m³，其中北京最小，为3.0亿m³。

表3-9为2014年各省级行政区粮食蓝水足迹占全国的比例。黑龙江最大，为12.16%；比例为5%~10%的有江苏、新疆、广西、湖南、广东和江西6个省级行政区；比例为1%~5%的有17个省级行政区；小于1%的有7个省级行政区，其中北京最小，为0.11%。

表3-9 2014年各省级行政区粮食蓝水足迹占全国的比例

排序	省级行政区	粮食蓝水足迹占全国比例（%）	排序	省级行政区	粮食蓝水足迹占全国比例（%）
1	黑龙江	12.16	17	云 南	2.26
2	江 苏	7.55	18	甘 肃	2.21
3	新 疆	6.51	19	浙 江	1.97
4	广 西	6.29	20	福 建	1.83
5	湖 南	6.17	21	陕 西	1.51
6	广 东	5.72	22	山 西	1.34
7	江 西	5.12	23	贵 州	1.12
8	四 川	4.46	24	宁 夏	1.05
9	内蒙古	4.15	25	海 南	0.95
10	湖 北	4.13	26	重 庆	0.84
11	山 东	4.10	27	西 藏	0.43
12	安 徽	3.97	28	青 海	0.34
13	河 北	3.88	29	天 津	0.31
14	河 南	3.25	30	上 海	0.28
15	吉 林	3.23	31	北 京	0.11
16	辽 宁	2.76			

按从大到小的顺序绘制各省级行政区粮食蓝水足迹占全国蓝水足迹比例的累积曲线，如图3-10所示，排列前8位的省级行政区粮食蓝水足迹之和为53.98%，超过了全国的一半；排列前10位、12位、15位和20位的省级行政区粮食蓝水足迹之和分别超过了全国粮食蓝水足迹的60%、70%、80%和90%；其余的11个省级行政区粮食水足迹之和不足全国的10%。

由表3-10可以看出，与2013年相比，2014年全国粮食蓝水足迹有所降低，减量为7.6亿m³，降幅0.27%。有15个省级行政区粮食蓝水足迹出现增加。就增量而言，山东和黑龙江较大，分别为15.6亿和14.9亿m³；其余13个省级行政区均在10.0亿m³以下；就增幅而言，山东和甘肃较大，分别为15.45%和12.57%；其余13个省级行政区均在10%以下。

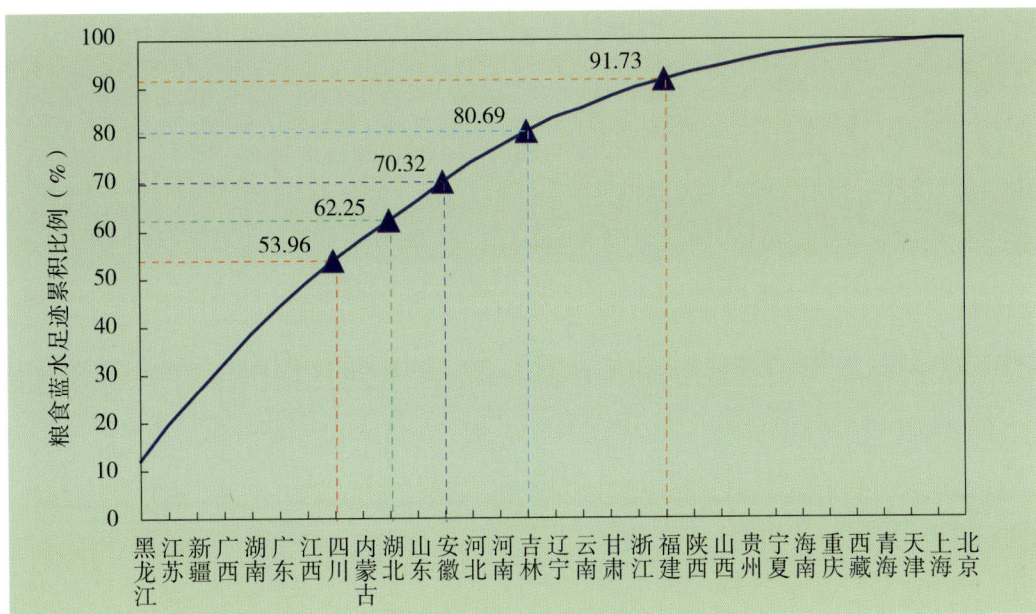

图3-10　2014年各省级行政区粮食蓝水足迹累积比例

表3-10　2014年各省级行政区粮食蓝水足迹与2013年比较

省级行政区	粮食蓝水足迹（亿m³）		变化情况	
	2013年	2014年	变化量（亿m³）	变化率（%）
北　京	3.7	3.0	-0.7	-17.84
天　津	8.5	8.8	0.3	4.23
山　西	36.3	38.0	1.7	4.69
内蒙古	114.0	118.1	4.1	3.56
辽　宁	82.7	78.6	-4.1	-4.98
吉　林	89.4	91.8	2.4	2.68
黑龙江	330.6	345.5	14.9	4.50
河　北	120.5	110.5	-10.0	-8.28
河　南	119.6	92.5	-27.1	-22.67
山　东	101.1	116.7	15.6	15.45
安　徽	131.5	113.1	-18.4	-14.02
陕　西	44.4	42.9	-1.5	-3.41
甘　肃	55.7	62.7	7.0	12.57
青　海	11.2	9.7	-1.5	-12.92
宁　夏	34.1	29.8	-4.3	-12.73

续表

省级行政区	粮食蓝水足迹（亿m³）		变化情况	
	2013年	2014年	变化量（亿m³）	变化率（%）
新　疆	183.3	185.2	1.9	1.03
上　海	9.1	7.9	−1.2	−13.22
浙　江	58.0	56.2	−1.8	−3.16
福　建	49.3	52.2	2.9	5.73
江　苏	218.5	214.6	−3.9	−1.77
湖　北	118.3	117.6	−0.7	−0.59
湖　南	166.9	175.5	8.6	5.17
江　西	146.2	145.6	−0.6	−0.40
广　东	162.3	162.6	0.3	0.14
广　西	178.1	178.8	0.7	0.39
海　南	25.7	27.1	1.4	5.31
重　庆	24.5	24.0	−0.5	−2.05
四　川	119.7	126.9	7.2	6.03
贵　州	33.7	31.9	−1.8	−5.33
云　南	62.9	64.4	1.5	2.36
西　藏	12.2	12.2	0.0	−0.01
全　国	2852.0	2844.3	−7.7	−0.27

有16个省级行政区粮食蓝水足迹出现减少。就减量而言，河南最大，为27.1亿m³；其次是安徽和河北，分别为18.4亿m³和10.0亿m³；其余13个省级行政区减量均小于10亿m³。就降幅而言，河南仍最大，为22.67%；降幅在10%~20%的有北京、安徽、上海、青海和宁夏5个省级行政区；其余10个省级行政区均在10%以下。

（三）粮食绿水足迹

粮食绿水足迹最大的同样为黑龙江，为464.3亿m³；其次是安徽和河南，分别为324.1亿m³和321.6亿m³；粮食绿水足迹为200亿~300亿m³的有江苏和四川2个省级行政区；粮食绿水足迹为100亿~200亿m³的有13个省级行政区；粮食绿水足迹低于100亿m³的有13个，其中北京最小，仅为3.0亿m³，如图3-11所示。

表3-11为2014年各省级行政区粮食绿水足迹占全国的比例。黑龙江最大，为11.74%；其次为安徽、河南、江苏、四川和山东5个省级行政区，比例为5%~10%；比例为1%~5%的有17个省级行政区；小于1%的有8个省级行政区，其中北京最小，为0.07%。

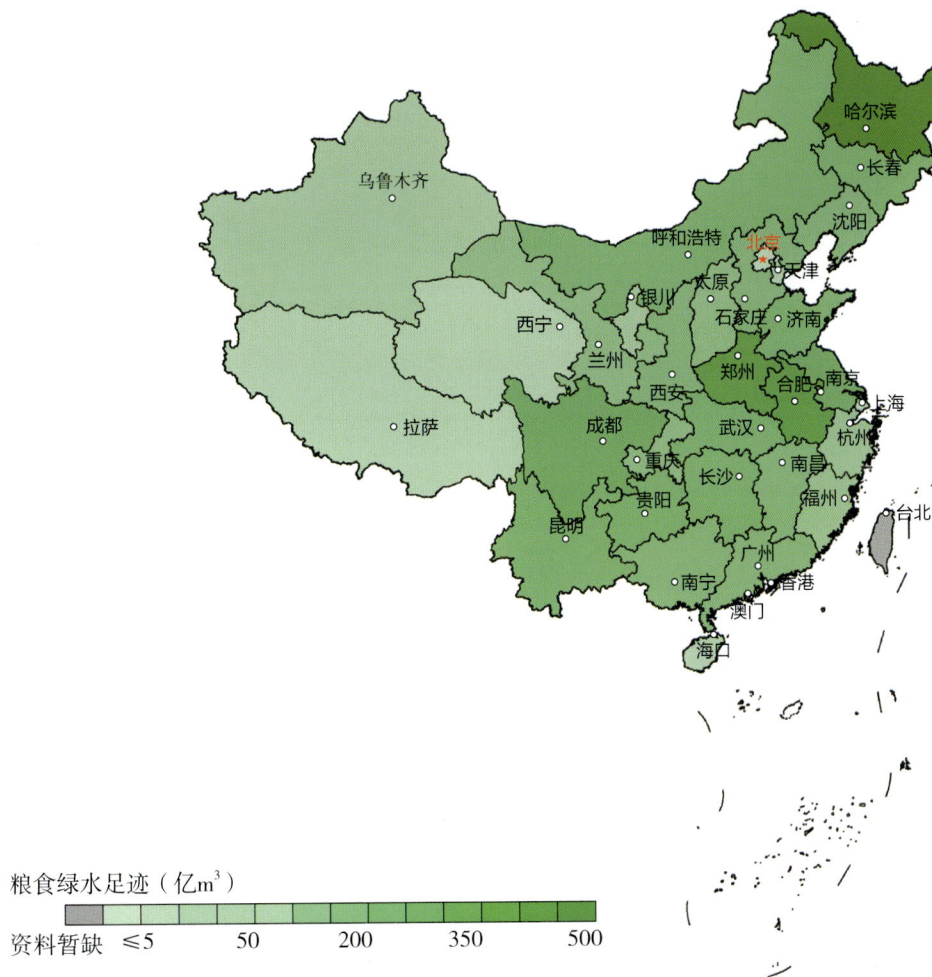

粮食绿水足迹（亿m³）

资料暂缺　≤5　　50　　200　　350　　500

图3-11　2014年各省级行政区粮食绿水足迹

表3-11　2014年各省级行政区粮食绿水足迹占全国的比例

排序	省级行政区	粮食绿水足迹占全国比例（%）	排序	省级行政区	粮食绿水足迹占全国比例（%）
1	黑龙江	11.74	17	陕　西	2.67
2	安　徽	8.19	18	辽　宁	2.64
3	河　南	8.13	19	重　庆	2.36
4	江　苏	5.95	20	甘　肃	1.56
5	四　川	5.34	21	山　西	1.30
6	山　东	5.00	22	浙　江	1.26
7	湖　北	4.98	23	福　建	1.15
8	吉　林	4.66	24	新　疆	0.66
9	云　南	4.59	25	宁　夏	0.65

续表

排序	省级行政区	粮食绿水足迹占全国比例（%）	排序	省级行政区	粮食绿水足迹占全国比例（%）
10	湖 南	4.49	26	海 南	0.37
11	内蒙古	4.13	27	青 海	0.22
12	贵 州	4.01	28	天 津	0.20
13	河 北	3.71	29	上 海	0.17
14	广 西	3.41	30	西 藏	0.14
15	江 西	3.23	31	北 京	0.07
16	广 东	3.02			

按从大到小的顺序绘制各省级行政区粮食绿水足迹占全国绿水足迹比例的累积曲线，如图3-12所示，排列前8位的省级行政区粮食绿水足迹之和为53.99%，超过了全国的一半；排列前10位、12位、15位和19位的省级行政区粮食绿水足迹之和分别超过了全国粮食绿水足迹的60%、70%、80%和90%；其余的12个省级行政区粮食绿水足迹之和不足全国的10%。

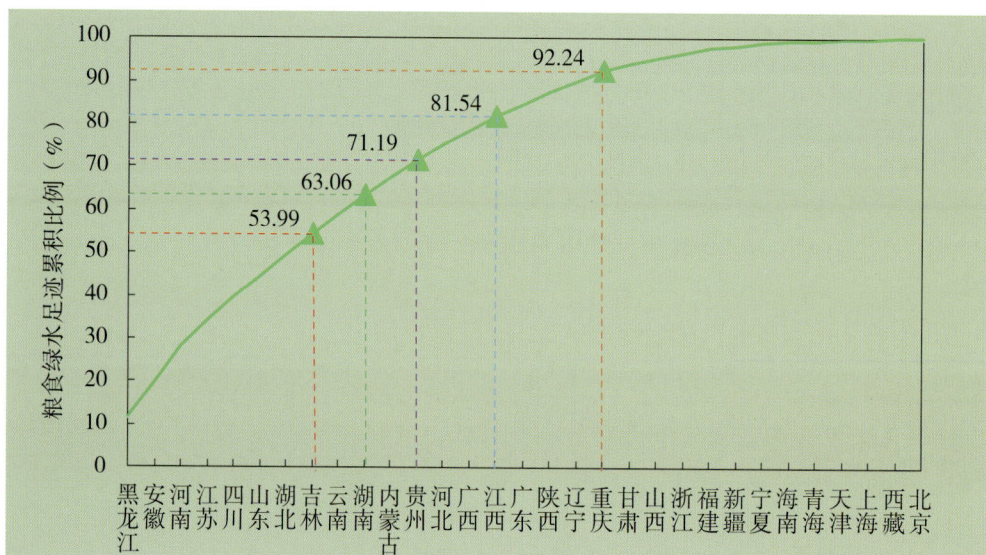

图3-12 2014年各省级行政区粮食绿水足迹累积比例

由表3-12可以看出，与2013年相比，2014年全国绿水足迹减少95.3亿m³，降幅为2.35%。有12个省级行政区粮食绿水足迹出现增加。就增量而言，河南最大，为45.5亿m³；其次是江苏、安徽和贵州，分别为38.2亿m³、28.4亿m³和25.8亿m³；增量为10亿~20亿m³的有湖北和江西2个省级行政区；其余6个省级行政区增量均小于10亿m³。就增幅而言，宁夏最大，为44.13%；增幅为10%~20%的有6个省级行政区；其余5个省级行政区增幅均小于10%。

有19个省级行政区粮食绿水足迹出现减少。就减量而言，辽宁最大，为50.6亿m³；其次是吉林，为

49.8亿m³；减量在20亿~30亿m³的有河北、云南、山西、黑龙江、山东和广东6个省级行政区；其余11个省级行政区减量均小于10亿m³。就降幅而言，北京最大，为36.04%；其次是辽宁和山西，分别为32.63%和32.51%；降幅为20%~30%的有3个省级行政区；降幅为10%~20%的有6个省级行政区；其余7个省级行政区均小于10%。

表3-12 2014年各省级行政区粮食绿水足迹与2013年比较

省级行政区	粮食绿水足迹（亿m³）		变化情况	
	2013年	2014年	变化量（亿m³）	变化率（%）
北　京	4.7	3.0	-1.7	-36.04
天　津	11.6	8.1	-3.4	-29.83
山　西	76.3	51.5	-24.8	-32.51
内蒙古	163.4	163.2	-0.1	-0.08
辽　宁	155.1	104.5	-50.6	-32.63
吉　林	234.0	184.2	-49.8	-21.28
黑龙江	488.9	464.3	-24.5	-5.01
河　北	173.9	146.7	-27.2	-15.62
河　南	276.1	321.6	45.5	16.48
山　东	220.6	197.8	-22.8	-10.33
安　徽	295.7	324.1	28.4	9.62
陕　西	97.0	105.6	8.6	8.84
甘　肃	69.4	61.6	-7.8	-11.30
青　海	7.9	8.9	1.0	12.83
宁　夏	17.8	25.6	7.8	44.13
新　疆	31.2	26.1	-5.1	-16.40
上　海	6.1	6.8	0.7	12.15
浙　江	47.5	49.8	2.3	4.92
福　建	47.2	45.4	-1.8	-3.89
江　苏	197.0	235.2	38.2	19.40
湖　北	182.0	196.9	14.8	8.14
湖　南	186.6	177.6	-8.9	-4.80
江　西	117.1	127.6	10.5	8.94
广　东	141.9	119.4	-22.4	-15.80
广　西	137.7	135.0	-2.7	-1.96

省级行政区	粮食绿水足迹（亿m³）		变化情况	
	2013年	2014年	变化量（亿m³）	变化率（%）
海　南	20.3	14.6	-5.6	-27.81
重　庆	84.1	93.5	9.4	11.24
四　川	213.3	211.2	-2.2	-1.02
贵　州	132.6	158.4	25.8	19.47
云　南	207.7	181.4	-26.3	-12.66
西　藏	5.9	5.5	-0.5	-7.71
全　国	4050.6	3955.4	-95.2	-2.35

（四）产销区粮食水足迹及其构成

主产区粮食水足迹为4702.0亿m³，占全国的69.15%，其中蓝水为1846.9亿m³、绿水为2855.1亿m³，分别占全国的64.93%和72.18%；平衡区粮食水足迹为1532.8亿m³，占全国的22.54%，其中蓝水为679.6亿m³、绿水为853.2亿m³，分别占全国的23.90%和21.57%；主销区粮食水足迹为564.9亿m³，占全国的8.31%，其中蓝水为317.8亿m³、绿水为247.1亿m³，分别占全国的11.17%和6.25%。主产区和平衡区的粮食水足迹中绿水所占比例要大于蓝水，绿水比例分别为60.72%和55.66%。主销区绿水所占比例小于蓝水，其绿水比例为43.74%，如图3-13~图3-15所示。

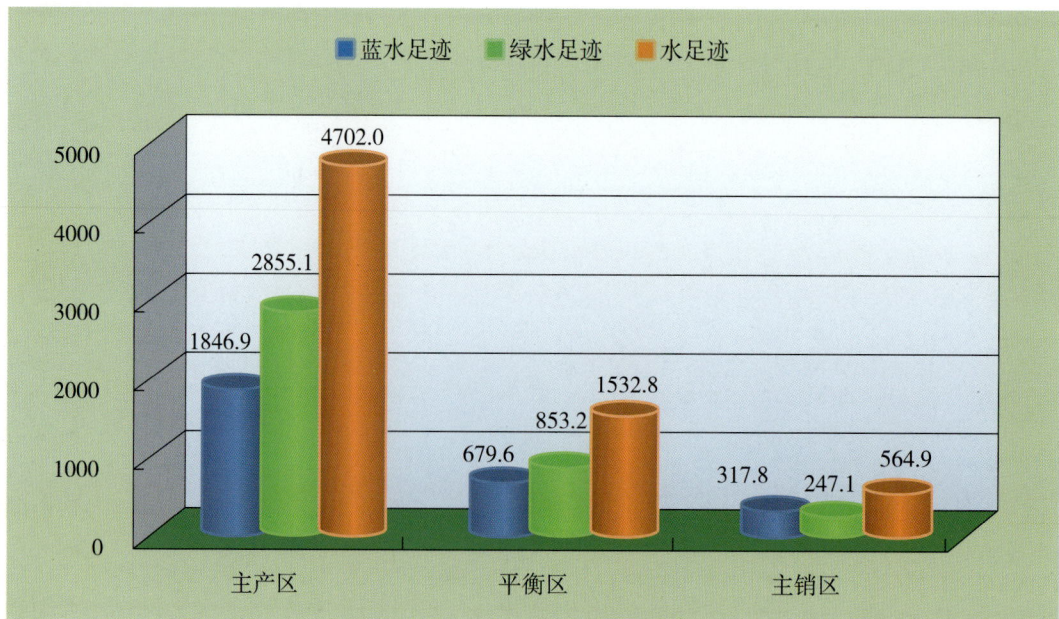

图3-13　2014年产销区粮食水足迹

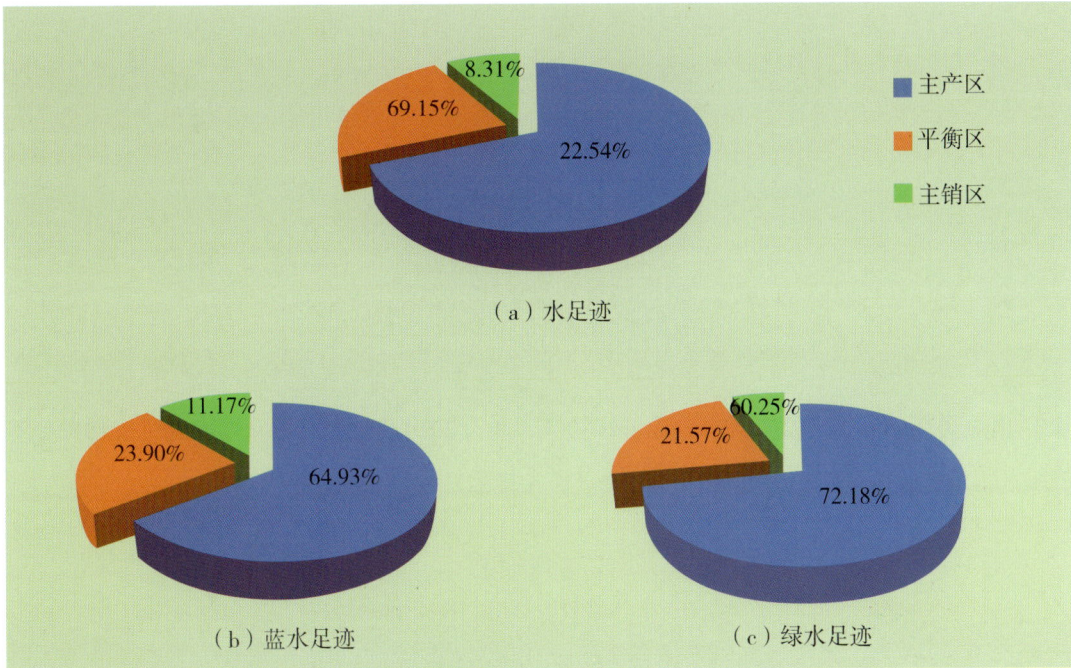

图3-14　2014年产销区粮食水足迹占全国比例

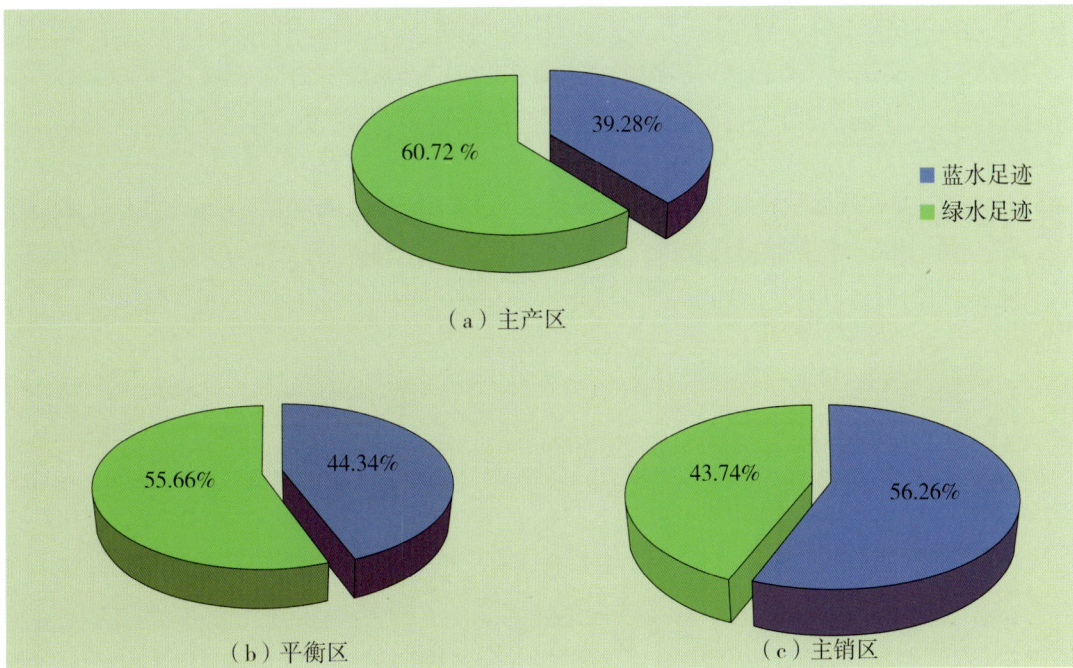

图3-15　2014年产销区粮食水足迹构成

　　表3-13为2014年产销区粮食水足迹与2013年比较。2014年各类型区粮食水足迹较2013年均有所减少。主产区减量最大，为60.7亿m³，降幅1.27%；主销区降幅最大，为5.19%，减量为30.9亿m³。

表3-13 2014年产销区粮食水足迹与2013年比较

产销区	粮食水足迹（亿m³）		变化情况	
	2013年	2014年	变化量（亿m³）	变化率（%）
主产区	4762.7	4702.0	−60.7	−1.27
平衡区	1544.1	1532.8	−11.3	−0.73
主销区	595.8	564.9	−30.9	−5.19
全 国	6902.6	6799.7	102.9	−1.49

表3-14为2014年产销区粮食蓝水足迹与2013年比较。2014年主产区粮食蓝水足迹较2013年有所下降，减量和降幅分别为12.1亿m³和0.65%。平衡区和主销区粮食蓝水足迹略有增加。

表3-14 2014年产销区粮食蓝水足迹与2013年比较

产销区	粮食蓝水足迹（亿m³）		变化情况	
	2013年	2014年	变化量（亿m³）	变化率（%）
主产区	1859.0	1846.9	−12.1	−0.65
平衡区	676.3	679.6	3.3	0.49
主销区	316.7	317.8	1.1	0.34
全 国	2852.0	2844.3	−7.7	−0.27

表3-15为2014年产销区粮食绿水足迹与2013年比较。2014年3大类型区粮食绿水足迹较2013年均有所减低。主产区减量最大，为48.6亿m³；主销区降幅最大，为11.47%。

表3-15 2014年产销区粮食绿水足迹与2013年比较

产销区	粮食绿水足迹（亿m3）		变化情况	
	2013年	2014年	变化量（亿m3）	变化率（%）
主产区	2903.7	2855.1	−48.6	−1.67
平衡区	867.8	853.2	−14.6	−1.68
主销区	279.1	247.1	−32.0	−11.47
全 国	4050.6	3955.4	−95.2	−2.35

第二节 区域粮食生产水足迹

本节主要阐述2014年中国八大区域的粮食生产水足迹和粮食水足迹，并与2013年进行比较。

一、区域粮食生产水足迹

（一）粮食生产水足迹及其构成

2014年各区域粮食生产水足迹如图3-16所示。华南地区粮食生产水足迹最大，为2.071m³/kg；其次为东南地区和西北地区，分别为1.420m³/kg和1.312m³/kg；长江中下游地区和西南地区分别为1.239m³/kg和1.194m³/kg，略大于全国平均值1.120m³/kg；东北地区、黄淮海地区和华北地区粮食生产水足迹低于全国平均水平，分别为1.086m³/kg、0.830m³/kg和0.716m³/kg。

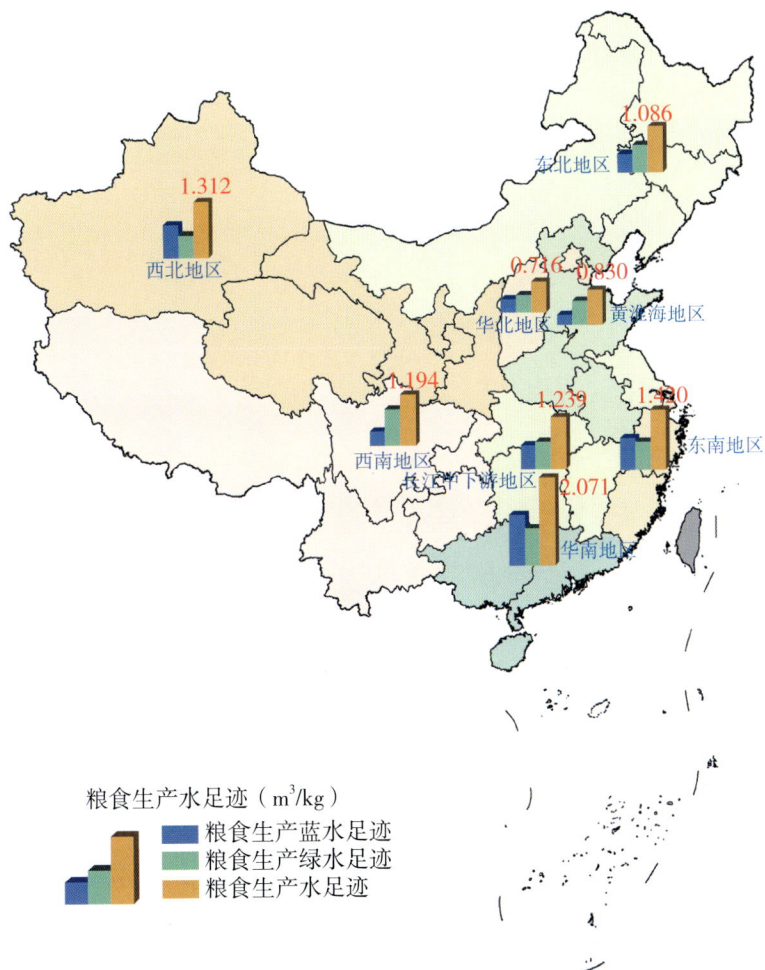

图3-16 2014年区域粮食生产水足迹及构成

粮食生产蓝水足迹最大的是华南地区，为1.197m³/kg；其次是西北地区、东南地区和长江中下游地区，分别为0.776m³/kg、0.756m³/kg和0.582m³/kg，均大于全国平均值0.468m³/kg；东北地区、西南地区、华北地区和黄淮海地区粮食生产蓝水足迹均小于全国平均值，分别为0.444m³/kg、0.341m³/kg、0.318m³/kg和0.252m³/kg。

粮食生产绿水足迹最大的是华南地区，为0.874m³/kg；其次是西南地区、东南地区和长江中下游地区，分别为0.853m³/kg、0.664m³/kg和0.657m³/kg；其他4个区域均小于全国平均值，其中华北地区最小，为0.398m³/kg。

（二）2014年粮食生产水足迹与2013年的比较

表3-16为2014年各区域粮食生产水足迹与2013年比较。与2013年相比，除长江中下游地区和西北地区粮食生产水足迹略有增加外，其他6个区域粮食生产水足迹均有所下降。华北地区和华南地区减量和降幅较大，减量分别为0.175m³/kg和0.128m³/kg；降幅分别为19.64%和5.82%。

表3-16　2014年各区域粮食生产水足迹与2013年比较

区域名称	粮食生产水足迹（m³/kg）		变化情况	
	2013年	2014年	变化量（m³/kg）	变化率（%）
华北	0.891	0.716	-0.175	-19.64
东北	1.142	1.086	-0.056	-4.92
黄淮海	0.852	0.830	-0.022	-2.60
西北	1.312	1.312	0.000	0.02
东南	1.436	1.420	-0.016	-1.12
长江中下游	1.216	1.239	0.023	1.93
华南	2.199	2.071	-0.128	-5.82
西南	1.198	1.194	-0.004	-0.32
全国	1.147	1.120	-0.027	-2.32

表3-17为2014年各区域粮食生产蓝水足迹与2013年比较。2014年东北地区、华北地区和西南地区粮食生产蓝水足迹略有增加，其他5个地区下降。黄淮海地区减量和降幅均最大，减量为0.028m³/kg，降幅9.85%。

表3-17　2014年各区域粮食生产蓝水足迹与2013年比较

区域名称	粮食生产蓝水足迹（m³/kg）		变化情况	
	2013年	2014年	变化量（m³/kg）	变化率（%）
华北	0.306	0.318	0.012	3.95
东北	0.425	0.444	0.019	4.53
黄淮海	0.280	0.252	-0.028	-9.85

区域名称	粮食生产蓝水足迹（m³/kg）		变化情况	
	2013年	2014年	变化量（m³/kg）	变化率（%）
西北	0.781	0.776	-0.005	-0.69
东南	0.770	0.756	-0.014	-1.77
长江中下游	0.593	0.582	-0.010	-1.74
华南	1.209	1.197	-0.012	-1.00
西南	0.338	0.341	0.003	0.95
全国	0.474	0.468	-0.006	-1.23

表3-18为2014年各区域粮食生产绿水足迹与2013年比较。2014年黄淮海地区、西北地区和长江中下游地区粮食生产绿水足迹略有增加，其他5个区域有所减少。长江中下游地区增量与增幅均最大，分别为0.035m³/kg和5.56%。华北地区减量和降幅均最大，分别为0.186m³/kg和31.87%。

表3-18　2014年各区域粮食生产绿水足迹与2013年比较

区域名称	粮食生产绿水足迹（m³/kg）		变化情况	
	2013年	2014年	变化量（m³/kg）	变化率（%）
华北	0.585	0.398	-0.186	-31.87
东北	0.717	0.642	-0.075	-10.52
黄淮海	0.572	0.578	0.005	0.94
西北	0.531	0.536	0.005	0.95
东南	0.666	0.664	-0.003	-0.38
长江中下游	0.623	0.657	0.035	5.56
华南	0.990	0.874	-0.116	-11.70
西南	0.860	0.853	-0.006	-0.75
全国	0.673	0.652	-0.021	-3.16

二、区域粮食水足迹

（一）粮食水足迹及其构成

2014年各区域的粮食水足迹如图3-17所示。东北地区、黄淮海地区和长江中下游地区粮食水足迹大于1000亿m³，其中东北地区最大，为1550.3亿m³，其次是黄淮海地区和长江中下游地区，分别为1423.0亿m³和1390.6亿m³；粮食水足迹为500亿~1000亿m³的有西南地区、华南地区和西北地区；小于500亿m³的地区有东南地区和华北地区。

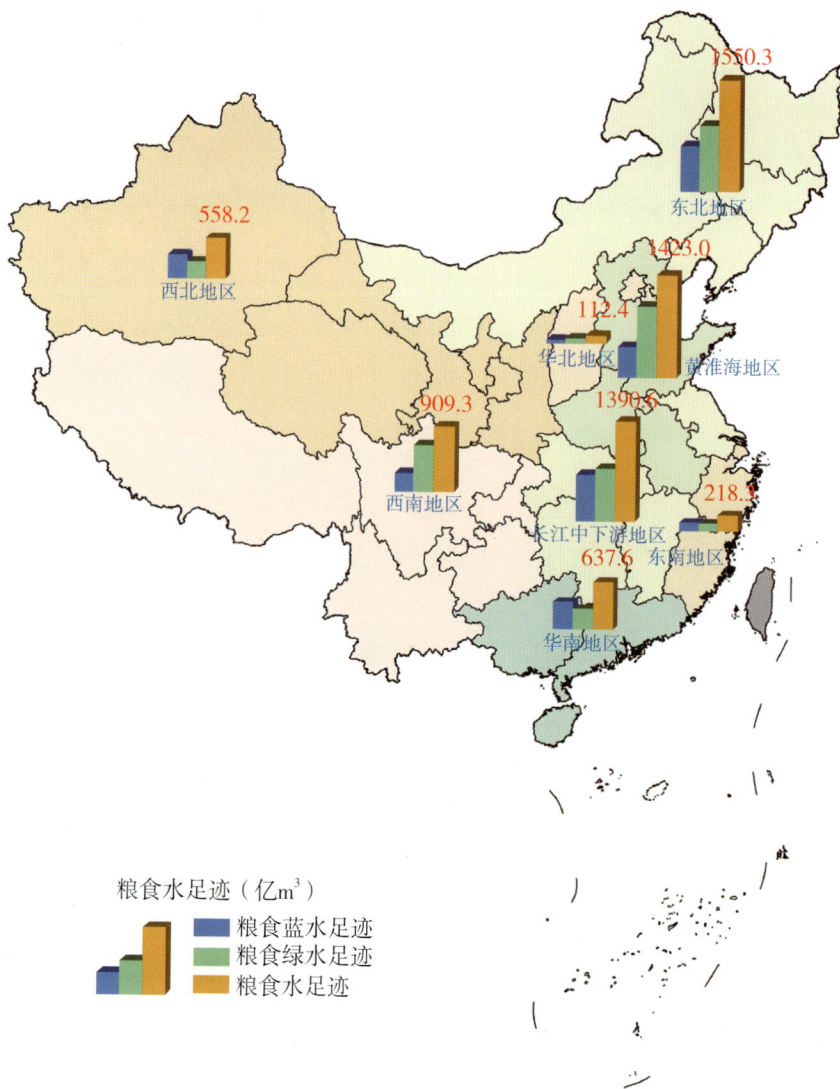

图3-17　2014年各区域粮食水足迹

粮食蓝水足迹最大的是长江中下游地区，为653.3亿m³；其次是东北地区，为634.0亿m³；粮食蓝水足迹为300亿~500亿m³的有黄淮海地区、华南地区和西北地区；西南地区、东南地区和华北地区均小于300亿m³。

粮食绿水足迹最大的是黄淮海地区，为990.3亿m³；其次是东北地区，为916.3亿m³；长江中下游地区和西南地区分别为737.3亿m³和650.0亿m³，均大于500亿m³；华南地区、西北地区、东南地区和华北地区粮食绿水足迹均小于500亿m³。

图3-18为2014年各区域粮食水足迹占全国的比例。东北地区最大，为22.80%，其次为黄淮海地区、长江中下游地区和西南地区，分别为20.93%、20.45%和13.37%；其余4个地区均不超过10%，其中华北地区最小，为1.65%。东北地区、黄淮海地区和长江中下游地区三者之和超过了全国总量的60%。

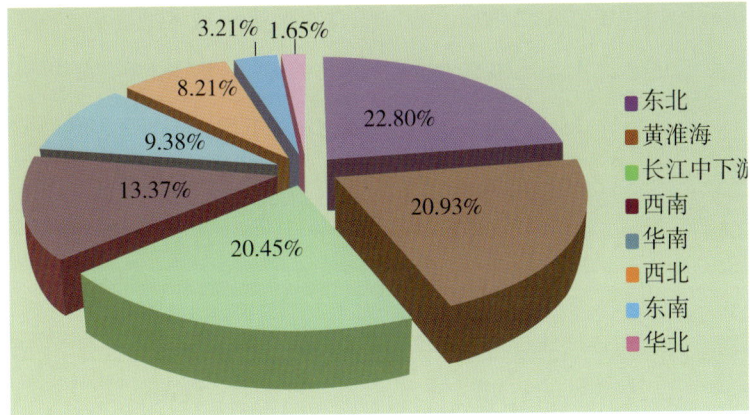

图3-18　2014年各区域粮食水足迹占全国总量比例

如图3-19所示，粮食蓝水足迹占全国比例最大的是长江中下游地区，为22.97%；其次为东北地区和黄淮海地区，分别为22.29%和15.21%；其余5个地区均不超过15%，其中华北地区最小，为1.75%。

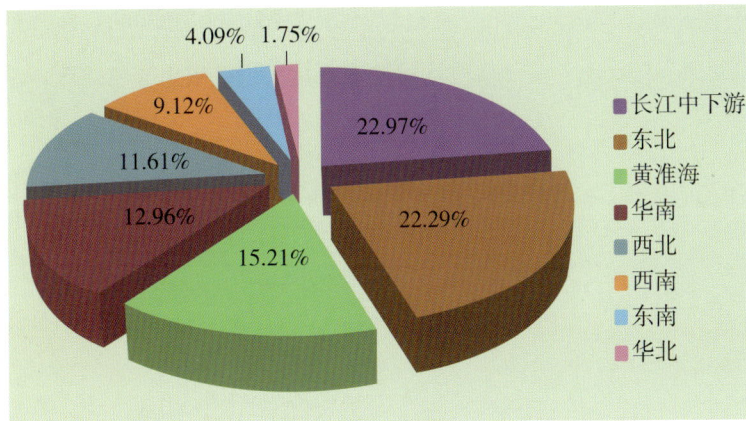

图3-19　2014年各区域粮食蓝水足迹占全国总量比例

如图3-20所示，粮食绿水足迹占全国比例较大的是黄淮海地区和东北地区，分别为25.04%和23.17%；其次是长江中下游地区和西南地区，分别为18.64%和16.43%；其余4个地区均在10%以下，其中华北地区最小，为1.58%。

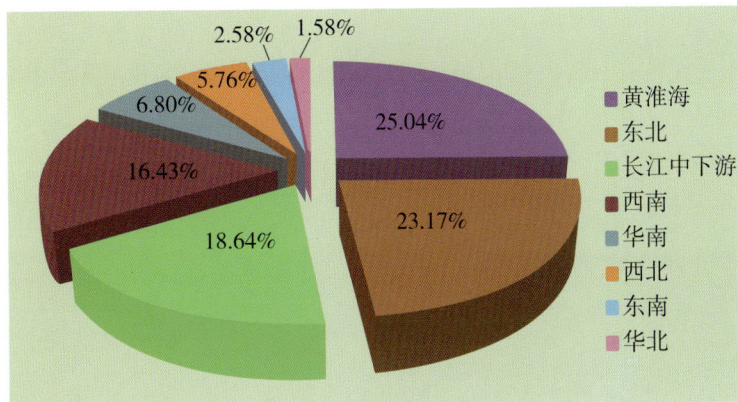

图3-20　2014年各区域粮食绿水足迹占全国总量比例

图3-21为2014年各区域粮食水足迹构成。中国粮食水足迹构成区域差异显著。西北地区、华南地区和东南地区粮食水足迹蓝水比例均超过50%，分别为59.19%、57.80%和53.27%；长江中下游地区、华北地区、东北地区、黄淮海地区和西南地区5个区域蓝水比例均低于50%，分别为46.98%、44.34%、40.90%、30.41%和28.52%。

粮食水足迹蓝绿水构成（%）

■ 粮食蓝水足迹
■ 粮食绿水足迹

图3-21　2014年区域粮食水足迹构成

（二）2014年粮食水足迹与2013年的比较

表3-19为2014年各区域粮食水足迹与2013年比较。与2013年相比，长江中下游地区、西南地区、西北地区和东南地区粮食水足迹略有增加，其他地区有所下降。长江中下游地区增量与增幅均最大，分别

为58.1亿m³和4.36%。东北地区减量最大，为107.8亿m³；华北地区降幅最大，为20.30%。

表3-19 2014年区域粮食水足迹与2013年比较

区域名称	粮食水足迹（亿m³）		变化情况	
	2013年	2014年	变化量（亿m³）	变化率（%）
华北	141.0	112.4	−28.6	−20.30
东北	1658.1	1550.3	−107.8	−6.50
黄淮海	1438.9	1423.0	−15.9	−1.11
西北	552.1	558.2	6.1	1.11
东南	217.3	218.3	1.0	0.45
长江中下游	1332.5	1390.6	58.1	4.36
华南	666.1	637.6	−28.5	−4.28
西南	896.6	909.3	12.7	1.42
全国	6902.6	6799.7	−102.9	−1.49

表3-20为2014年各区域粮食蓝水足迹与2013年比较。2014年黄淮海地区和东南地区粮食蓝水足迹减少，其他6个区域增加。东北地区增量最大，增量为17.2亿m³，增幅为2.79%；其他区域增量均小于10亿m³。

表3-20 2014年区域粮食蓝水足迹与2013年比较

区域名称	粮食蓝水足迹（亿m³）		变化情况	
	2013年	2014年	变化量（亿m³）	变化率（%）
华北	48.4	49.8	1.4	2.89
东北	616.8	634.0	17.2	2.79
黄淮海	472.6	432.7	−39.9	−8.45
西北	328.8	330.4	1.6	0.50
东南	116.5	116.3	−0.2	−0.14
长江中下游	649.8	653.3	3.5	0.53
华南	366.2	368.5	2.3	0.63
西南	252.9	259.3	6.5	2.55
全国	2852.0	2844.3	−7.7	−0.27

表3-21为2014年各区域粮食绿水足迹与2013年比较。粮食绿水足迹减少的有东北地区、华南地区和

华北地区，其他5个区域增加。长江中下游地区增量和增幅均最大，分别为54.6亿m³，降幅为8.00%。东北地区减量最大，为125.1亿m³，降幅为12.01%；华北地区降幅最大，为32.43%，减量为30.0亿m³。

表3-21　2014年区域粮食绿水足迹与2013年比较

区域名称	粮食绿水足迹（亿m³）		变化情况	
	2013年	2014年	变化量（亿m³）	变化率（%）
华北	92.6	62.6	−30.0	−32.43
东北	1041.3	916.3	−125.1	−12.01
黄淮海	966.3	990.3	24.0	2.48
西北	223.3	227.8	4.5	2.04
东南	100.8	102.0	1.2	1.23
长江中下游	682.7	737.3	54.6	8.00
华南	299.9	269.1	−30.8	−10.28
西南	643.7	650.0	6.3	0.99
全国	4050.6	3955.4	−95.2	−2.35

第三节　南北方粮食生产水足迹

本节重点阐述2014年中国南北方地区粮食生产水足迹和粮食水足迹，并与2013年进行比较。

一、南北方粮食生产水足迹

2014年南北方粮食生产水足迹如图3-22所示。北方地区粮食生产水足迹为0.948m³/kg，其中蓝水为0.394m³/kg，绿水为0.554m³/kg；南方地区粮食生产水足迹为1.337m³/kg，其中蓝水为0.562m³/kg，绿水为0.775m³/kg。北方地区粮食生产水足迹低于南方地区，表明北方地区水分利用效率高于南方地区。

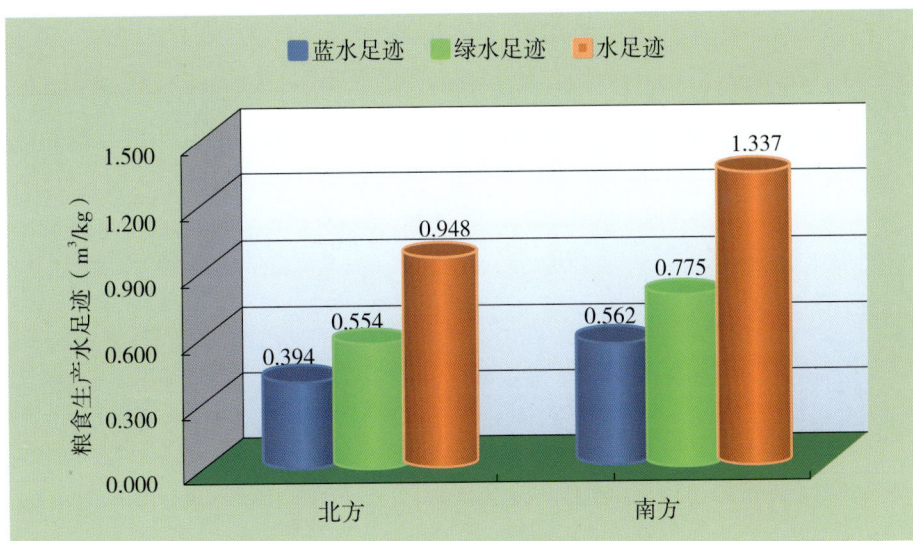

图3-22　2014年南北方粮食生产水足迹

表3-22为2014年南北方粮食生产水足迹与2013年比较。2014年南北方粮食生产水足迹均有所减少，其中北方地区减量与降幅均较大，减量为0.044m³/kg，降幅为4.46%。

表3-22　2014年南北方粮食生产水足迹与2013年比较

区域名称	粮食生产水足迹（m³/kg）		变化情况	
	2013年	2014年	变化量（m³/kg）	变化率（%）
北　方	0.992	0.948	−0.044	−4.46
南　方	1.347	1.337	−0.010	−0.74
全　国	1.147	1.120	−0.027	−2.32

表3-23为2014年南北方粮食生产蓝水足迹与2013年比较。2014年北方粮食生产蓝水足迹略有增加，增量和增幅分别为0.001m³/kg和0.16%；南方地区有所减少，减量和降幅分别为0.015m³/kg和2.63%。

表3-23　2014年南北方粮食生产蓝水足迹与2013年比较

区域名称	粮食生产蓝水足迹（m³/kg）		变化情况	
	2013年	2014年	变化量（m³/kg）	变化率（%）
北　方	0.394	0.394	0.001	0.16
南　方	0.577	0.562	−0.015	−2.63
全　国	0.474	0.468	−0.006	−1.23

表3-24为2014年南北方粮食生产绿水足迹与2013年比较。2014年北方地区粮食生产绿水足迹有所减少，减量和降幅分别为0.044m³/kg和7.40%；南方略有增加，增量和增幅分别为0.005m³/kg和0.68%。

表3-24　2014年南北方粮食生产绿水足迹与2013年比较

区域名称	粮食生产绿水足迹（m³/kg）		变化情况	
	2013年	2014年	变化量（m³/kg）	变化率（%）
北　方	0.598	0.554	−0.044	−7.40
南　方	0.770	0.775	0.005	0.68
全　国	0.673	0.652	−0.021	−3.16

二、南北方粮食水足迹

如图3-23和图3-24所示，2014年北方、南方地区粮食水足迹分别为3206.7亿m³和3593.0亿m³，分别占全国的47.35%和52.65%，其中粮食蓝水足迹分别为1333.8亿m³和1510.5亿m³，分别占全国的47.16%和52.84%。粮食绿水足迹分别为1872.9亿m³和2082.5亿m³，分别占全国的46.90%和53.10%。

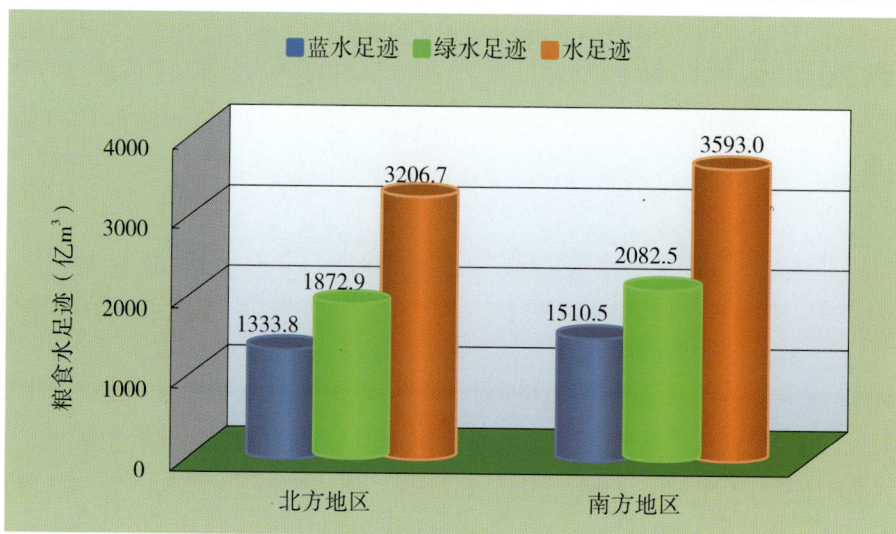

图3-23　2014年南北方粮食水足迹

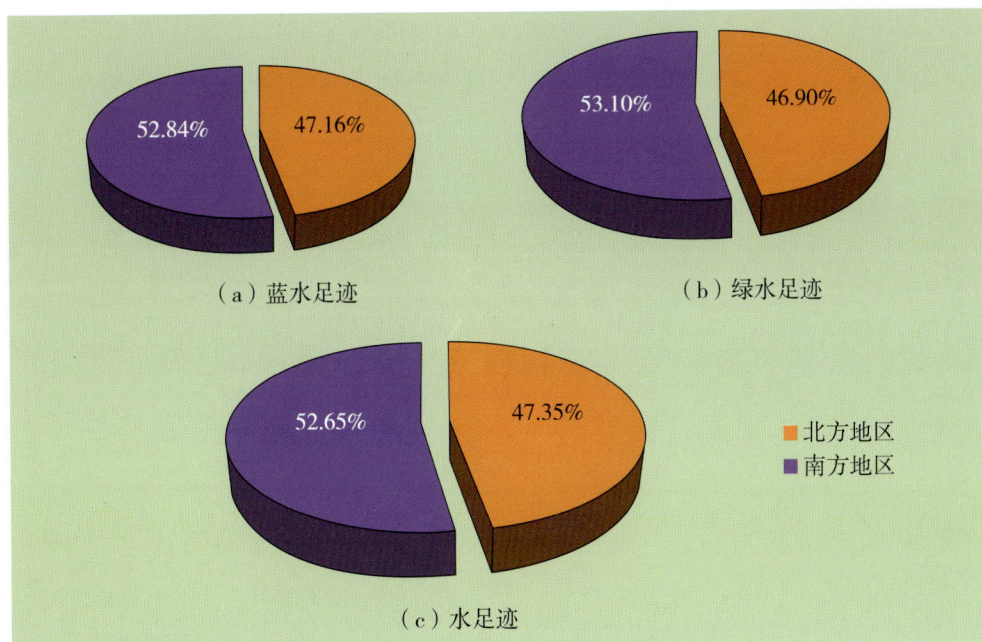

图3-24　2014年南北方粮食水足迹占全国比例

　　表3-25为2014年南北方粮食水足迹与2013年比较。2014年北方地区粮食水足迹有所减少，减量为156.2亿m³，降幅为4.64%；南方地区有所增加，增量为53.3亿m³，增幅为1.51%。

表3-25　2014年南北方粮食水足迹与2013年比较

区域名称	粮食水足迹（亿m³）		变化情况	
	2013年	2014年	变化量（亿m³）	变化率（%）
北　方	3362.9	3206.7	-156.2	-4.64
南　方	3539.7	3593.0	53.3	1.51
全　国	6902.6	6799.7	-102.9	-1.49

　　表3-26为2014年南北方粮食蓝水足迹与2013年比较。2014年南北方粮食蓝水足迹均有所减少，其中南方地区减量和降幅均较大，分别为6.4亿m³和0.42%。

表3-26　2014年南北方粮食蓝水足迹与2013年比较

区域名称	粮食蓝水足迹（亿m³）		变化情况	
	2013年	2014年	变化量（亿m³）	变化率（%）
北　方	1335.1	1333.8	-1.3	-0.10
南　方	1516.9	1510.5	-6.4	-0.42
全　国	2852.0	2844.3	-7.7	-0.27

表3-27为2014年南北方粮食绿水足迹与2013年比较。2014年北方地区粮食绿水足迹有所减少，减量为154.9亿m³，降幅为7.64%；南方地区有所增加，增量为59.7亿m³，增幅为2.95%。

表3-27　2014年南北方粮食绿水足迹与2013年比较

区域名称	粮食绿水足迹（亿m³）		变化情况	
	2013年	2014年	变化量（亿m³）	变化率（%）
北　方	2027.8	1872.9	−154.9	−7.64
南　方	2022.8	2082.5	59.7	2.95
全　国	4050.6	3955.4	−95.2	−2.35

第四章｜区域粮食虚拟水流动

　　区域粮食生产与消费数量不匹配导致了各地区之间粮食的调运，"内嵌"于粮食产品中的虚拟水随之流动。2014年中国省级行政区之间粮食调运量为11624.9万t，虚拟水流动量为1243.4亿m³，较2013年减少3.12%；其中虚拟蓝水流动量为502.7亿m³，较2013年增加0.10%；虚拟绿水流动量为740.7亿m³，较2013年减少5.18%。八大区域之间的粮食调运量为10870.0万t，粮食虚拟水流动量为1144.8亿m³，较2013年减少4.70%；其中虚拟蓝水流动量为462.8亿m³，较2013年减少1.09%；虚拟绿水流动量为710.0亿m³，较2013年减少6.92%；南北方之间的粮食调运量为8265.4万t，粮食虚拟水流动量为867.0亿m³，较2013年减少8.03%；其中虚拟蓝水流动量为361.7亿m³，较2013年减少3.07%；虚拟绿水流动量为505.3亿m³，较2013年减少11.26%。

　　本章主要阐述2014年中国各省级行政区、八大区域以及南北方粮食虚拟水流动情况，包括粮食虚拟水流动、虚拟蓝水流动和虚拟绿水流动，并与2013年进行比较。

各省级行政区粮食虚拟水流动

本节重点阐述2014年中国各省级行政区粮食虚拟水流动情况，包括粮食虚拟水流动、虚拟蓝水流动和虚拟绿水流动，并与2013年进行比较。

一、各省级行政区虚拟水流动

根据各省级行政区间的粮食调运量和粮食生产水足迹，得出2014年粮食虚拟水流动情况，如图4-1所示。2014年全国有11个虚拟水流出省级行政区，合计流出量为1243.4亿m³。在虚拟水流出区中，黑龙江最大，为588.0亿m³；其次为吉林、内蒙古和河南，分别为180.1亿m³、167.1亿m³和112.1亿m³；虚拟水流出量为50亿~100亿m³的有安徽和新疆；其余5个省级行政区都在50亿m³以下。

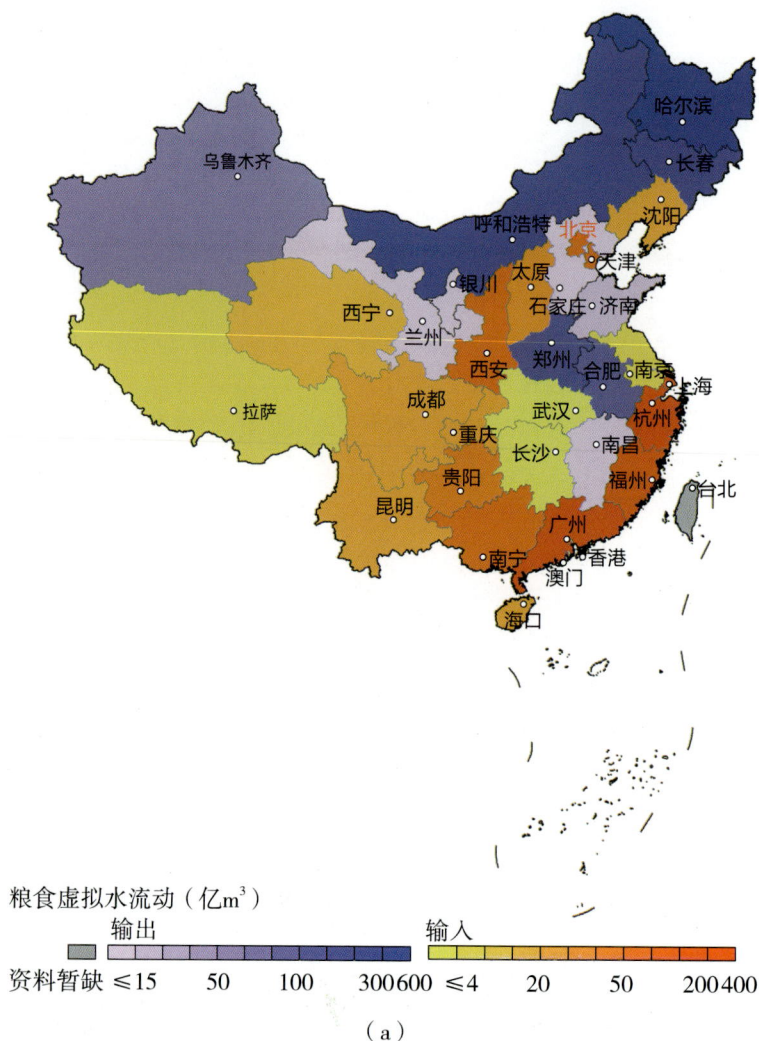

粮食虚拟水流动（亿m³）

输出　　　　　　　　　　　　　　输入

资料暂缺　≤15　　50　　100　　300600　≤4　　20　　50　　200400

（a）

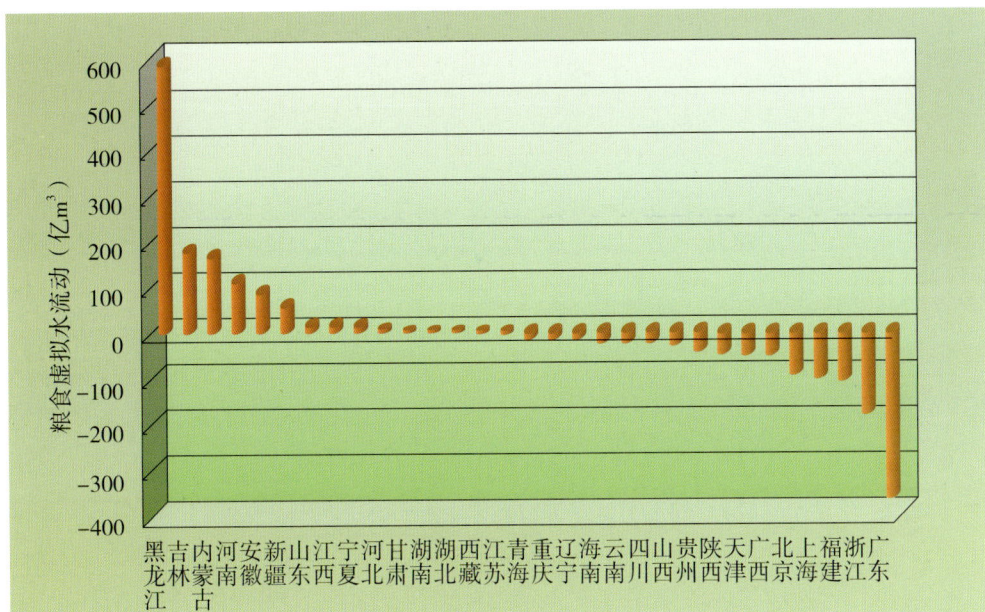

图4-1 2014年各省级行政区粮食虚拟水流动

在20个虚拟水流入省级行政区中，广东最大，为366.6亿m³；其次是浙江、福建和上海，分别为181.8亿m³、110.3亿m³和103.7亿m³；虚拟水流入量为50亿~100亿m³的有北京、广西、天津和陕西；其余12个省级行政区均小于50亿m³。

表4-1为2014年各省级行政区粮食虚拟水流动与2013年比较。从全国来看，粮食虚拟水流动量由2013年的1283.4亿m³减少到2014年的1243.4亿m³，减量40.0亿m³，降幅3.12%。

表4-1 2014年各省级行政区虚拟水流动与2013年比较

省级行政区	虚拟水流动量（亿m³）		变化情况	
	2013年	2014年	变化量（亿m³）	变化率（%）
北 京	-93.7	-95.9	-2.2	2.30
天 津	-53.2	-53.6	-0.4	0.69
山 西	-33.3	-31.7	1.6	-4.71
内蒙古	166.4	167.1	0.7	0.44
辽 宁	26.7	-21.9	-48.6	-182.14
吉 林	212.2	180.1	-32.1	-15.12
黑龙江	587.0	588.0	1.0	0.17
河 北	9.5	5.1	-4.4	-46.80
河 南	106.2	112.1	5.9	5.56

续表

省级行政区	虚拟水流动量（亿m³）		变化情况	
	2013年	2014年	变化量（亿m³）	变化率（%）
山　东	14.6	15.7	1.1	7.54
安　徽	78.3	89.9	11.6	14.75
陕　西	−50.7	−52.0	−1.3	2.60
甘　肃	−0.9	0.3	1.2	−133.33
青　海	−17.1	−16.6	0.5	−2.86
宁　夏	11.5	12.1	0.6	5.35
新　疆	57.7	58.2	0.5	0.79
上　海	−106.5	−103.7	2.8	−2.60
浙　江	−189.9	−181.8	8.1	−4.25
福　建	−112.5	−110.3	2.2	−1.98
江　苏	−11.7	−6.5	5.2	−44.65
湖　北	−8.2	−1.1	7.1	−86.37
湖　南	−5.1	−0.5	4.6	−91.13
江　西	13.3	14.9	1.6	12.36
广　东	−379.2	−366.6	12.6	−3.33
广　西	−63.8	−54.1	9.7	−15.14
海　南	−23.0	−23.1	−0.1	0.57
重　庆	−19.0	−20.4	−1.4	7.13
四　川	−23.8	−27.4	−3.6	15.30
贵　州	−58.5	−45.6	12.9	−22.02
云　南	−28.6	−25.9	2.7	−9.37
西　藏	−4.7	−4.7	0.0	−0.16
全　国	1283.4	1243.4	−40.0	−3.12

　　与2013年相比，在11个虚拟水流出区中，有8个省级行政区虚拟水流动量有所增加，安徽增量和增幅均最大，分别为11.6亿m³和14.75%；其余各省级行政区增量均小于10亿m³。在2个虚拟水流动量减小的省级行政区中，吉林减量较大，为32.1亿m³，降幅为15.12%；河北降幅较大，为46.80%，减量为4.4亿m³。甘肃由粮食虚拟水输入区转变为输出区，但虚拟水输出或输入量均很小。

　　在20个虚拟水流入区中，有6个省级行政区虚拟水流动量增加，四川增量和增幅均最大，分别为3.6亿m³和15.30%。有13个省级行政区虚拟水流动量减小，减量较大的有贵州和广东，减量分别为12.9亿m³

和12.6亿m³，降幅分别为22.02%和3.33%。由于遭受严重旱灾，辽宁由粮食虚拟水输出区转变为输入区。

二、各省级行政区虚拟蓝水流动

2014年全国有11个虚拟蓝水流出省级行政区，合计流出量为502.7亿m³。其中，黑龙江最大，为250.9亿m³；其次为内蒙古、吉林和新疆，分别为70.1亿m³、59.9亿m³和51.0亿m³；虚拟蓝水流出量为10亿~50亿m³的有河南和安徽2个省级行政区；其余5个省级行政区在10亿m³以下。

在20个虚拟蓝水流入省级行政区中，广东最大，为148.2亿m³；其次是浙江，为73.5亿m³；虚拟蓝水流入量为10亿~50亿m³的有10个省级行政区；其余8个均在10亿m³以下，如图4-2所示。

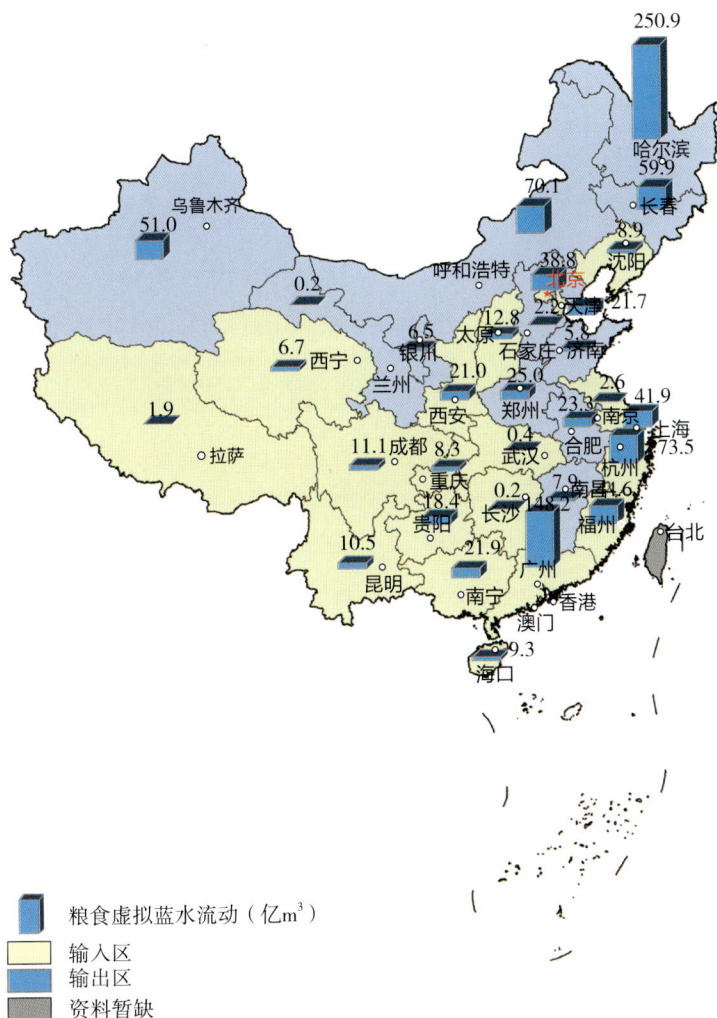

（a）

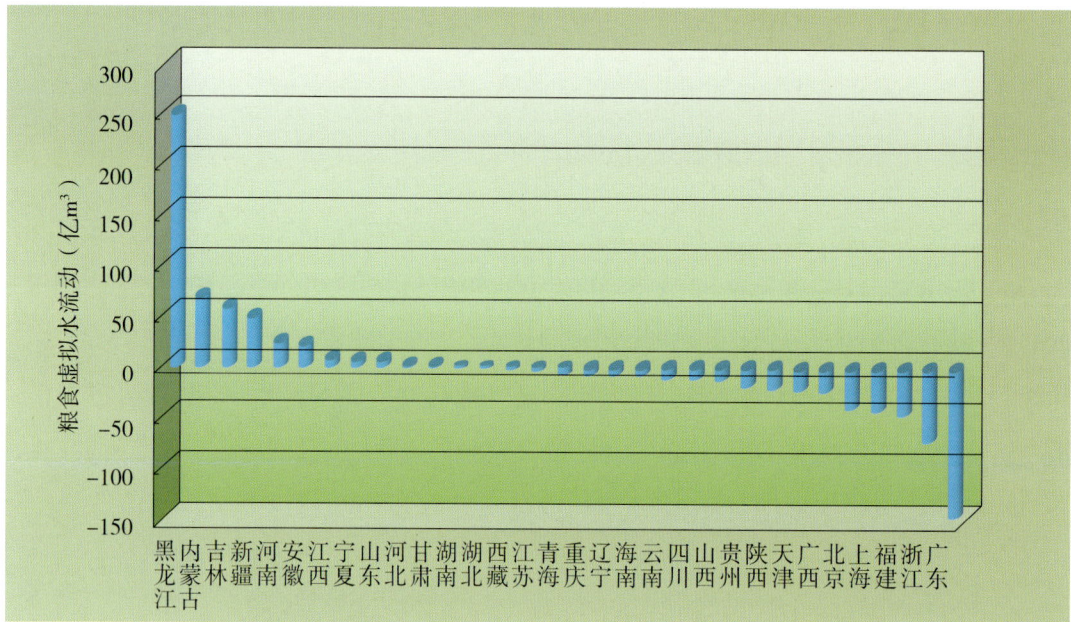

（b）

图4-2　2014年各省级行政区粮食虚拟蓝水流动

表4-2为2014年各省级行政区粮食虚拟蓝水流动与2013年比较。与2013年相比，2014年全国各省级行政区之间虚拟蓝水流动量增加0.5亿m³，增幅0.10%。在11个虚拟蓝水流出区中，有6个省级行政区虚拟蓝水流动量增加，黑龙江增量最大，为14.1亿m³，增幅为5.94%；其余5个省级行政区增量均在10亿m³以下。有4个省级行政区虚拟蓝水流动量减小，减量均在10亿m³以下，其中河南减量最大，为7.1亿m³，降幅为22.02%。甘肃由粮食虚拟蓝水输入区转变为输出区，但虚拟蓝水输出或输入量均很小。

在20个虚拟蓝水流入区中，有10个省级行政区虚拟蓝水流入量增加，北京增量最大，为2.1亿m³；四川增幅最大，为19.31%。有9个省级行政区虚拟蓝水流动量减小，减量均在5亿m³以下，其中贵州减量最大，为4.5亿m³。辽宁由粮食虚拟蓝水输出区转变为输入区。

表4-2　2014年各省级行政区虚拟蓝水流动与2013年的比较

省级行政区	虚拟蓝水流动量（亿m³）		变化情况	
	2013年	2014年	变化量（亿m³）	变化率（%）
北　京	−36.7	−38.8	−2.1	5.61
天　津	−20.8	−21.7	−0.9	4.13
山　西	−13.0	−12.8	0.2	−1.30
内蒙古	68.4	70.1	1.7	2.49
辽　宁	9.3	−8.9	−18.2	−195.35

续表

省级行政区	虚拟蓝水流动量（亿m³）		变化情况	
	2013年	2014年	变化量（亿m³）	变化率（%）
吉　林	58.7	59.9	1.2	2.08
黑龙江	236.8	250.9	14.1	5.94
河　北	3.9	2.2	−1.7	−44.33
河　南	32.1	25.0	−7.1	−22.02
山　东	4.6	5.8	1.2	26.60
安　徽	24.1	23.3	−0.8	−3.32
陕　西	−19.8	−21.0	−1.2	6.23
甘　肃	−0.4	0.2	0.6	−137.85
青　海	−6.7	−6.7	0.0	0.25
宁　夏	7.6	6.5	−1.1	−14.40
新　疆	49.3	51.0	1.7	3.41
上　海	−41.7	−41.9	−0.2	0.59
浙　江	−74.3	−73.5	0.8	−1.05
福　建	−44.0	−44.6	−0.6	1.34
江　苏	−4.6	−2.6	2.0	−43.08
湖　北	−3.2	−0.4	2.8	−87.50
湖　南	−2.0	−0.2	1.8	−90.85
江　西	7.4	7.9	0.5	6.76
广　东	−148.4	−148.2	0.2	−0.12
广　西	−25.0	−21.9	3.1	−12.43
海　南	−9.0	−9.3	−0.3	3.33
重　庆	−7.4	−8.3	−0.9	12.16
四　川	−9.3	−11.1	−1.8	19.31
贵　州	−22.9	−18.4	4.5	−19.45
云　南	−11.2	−10.5	0.7	−6.42
西　藏	−1.8	−1.9	−0.1	5.41
全　国	502.2	502.7	0.5	0.10

三、各省级行政区虚拟绿水流动

2014年全国有11个虚拟绿水流出省级行政区，合计流出量为740.7亿m³。其中，黑龙江最大，为337.1亿m³；其次为吉林，为120.2亿m³；虚拟绿水流出量为50亿~100亿m³的有内蒙古、河南和安徽；其余6个省级行政区流出量均在10亿m³以下。在20个虚拟绿水流入省级行政区中，广东最大，为218.3亿m³；其次是浙江，为108.3亿m³；虚拟绿水流入量为50亿~100亿m³的有福建、上海和北京；流入量为10亿~50亿m³的有10个省级行政区；其余5个均在10亿m³以下。如图4-3所示。

（a）

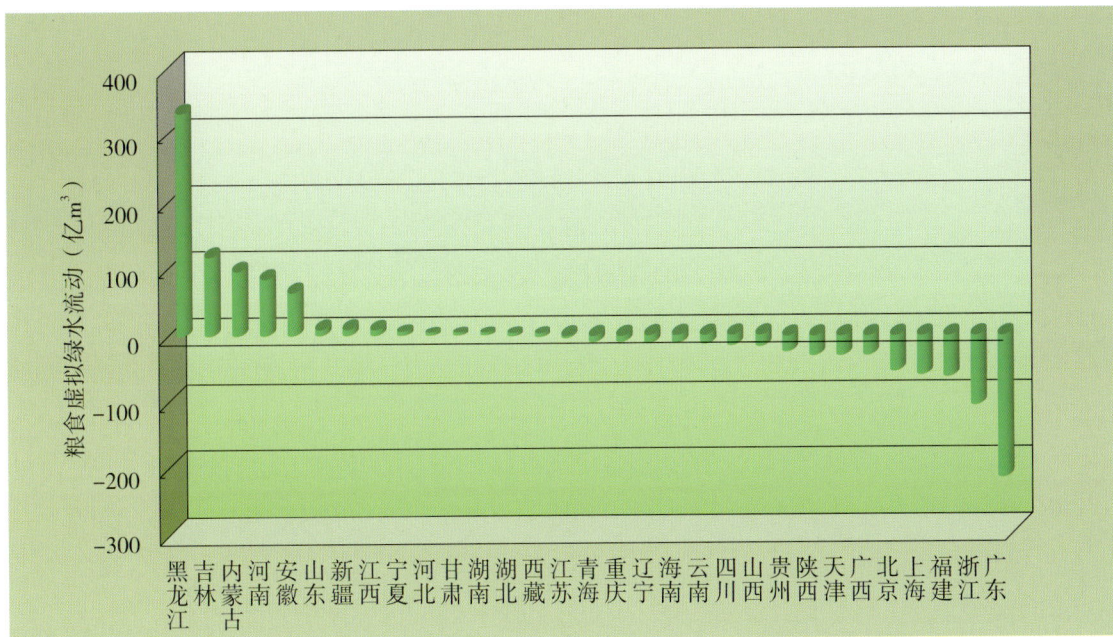

（b）

图4-3　2014年各省级行政区粮食虚拟绿水流动

　　表4-3为2014年各省级行政区粮食虚拟绿水流动与2013年比较。2014年全国各省级行政区之间虚拟绿水流动量减少40.5亿m³，降幅5.18%。在11个虚拟绿水流出区中，有4个省级行政区虚拟绿水流动量增加，河南和安徽增量较大，分别为13.0亿m³和12.4亿m³，增幅分别为17.51%和22.91%；其余2个省级行政区增量均在10亿m³以下。有5个省级行政区虚拟绿水流动量有所减少，吉林和黑龙江减量较大，分别为33.3亿m³和13.1亿m³，降幅分别为21.7%和3.73%，其余省级行政区减量均在10亿m³以下。甘肃由粮食虚拟绿水输入区转变为输出区，但虚拟绿水输出或输入量均很小。

表4-3　2014年各省级行政区虚拟绿水流动与2013年比较

省级行政区	虚拟绿水流动量（亿m³）		变化情况	
	2013年	2014年	变化量（亿m³）	变化率（%）
北　京	-57	-57.1	-0.1	0.17
天　津	-32.4	-31.9	0.5	-1.52
山　西	-20.3	-18.9	1.4	-6.89
内蒙古	98	97.0	-1.0	-1.04
辽　宁	17.4	-13.0	-30.4	-174.71
吉　林	153.5	120.2	-33.3	-21.70
黑龙江	350.2	337.1	-13.1	-3.73

续表

省级行政区	虚拟绿水流动量（亿m³）		变化情况	
	2013年	2014年	变化量（亿m³）	变化率（%）
河 北	5.6	2.9	−2.7	−48.51
河 南	74.1	87.1	13.0	17.51
山 东	10	9.9	−0.1	−1.23
安 徽	54.2	66.6	12.4	22.91
陕 西	−30.9	−31.0	−0.1	0.28
甘 肃	−0.5	0.1	0.6	−129.71
青 海	−10.4	−9.9	0.5	−4.86
宁 夏	3.9	5.6	1.7	43.83
新 疆	8.4	7.2	−1.2	−14.57
上 海	−64.8	−61.8	3.0	−4.64
浙 江	−115.6	−108.3	7.3	−6.31
福 建	−68.5	−65.7	2.8	−4.11
江 苏	−7.1	−3.9	3.2	−45.67
湖 北	−5	−0.7	4.3	−86.68
湖 南	−3.1	−0.3	2.8	−91.31
江 西	5.9	7.0	1.1	18.31
广 东	−230.8	−218.3	12.5	−5.40
广 西	−38.8	−32.2	6.6	−17.01
海 南	−14	−13.8	0.2	−1.43
重 庆	−11.6	−12.1	−0.5	4.52
四 川	−14.5	−16.3	−1.8	12.73
贵 州	−35.6	−27.2	8.4	−23.67
云 南	−17.4	−15.4	2.0	−11.27
西 藏	−2.9	−2.8	0.1	−3.62
全 国	781.2	740.7	−40.5	−5.18

在20个虚拟水流入区中，有4个省级行政区虚拟绿水流动量增加，四川增量和增幅均最大，分别为1.8亿m³和12.73%；其余省级行政区增量均小于1亿m³。有15个省级行政区虚拟绿水流动量略有减少，广东减量最大，为12.5亿m³，降幅为5.4%；其余省级行政区减量均小于10亿m³。辽宁由2013年的粮食虚拟绿水输出区转变为2014年的输入区。

四、各省级行政区粮食虚拟水输出、输入比率

图4-4为2014年各虚拟水流出省级行政区的虚拟水输出比率（某区域输出的粮食虚拟水流量占该区域粮食水足迹的比重称为粮食虚拟水输出比率）。黑龙江最大，为72.61%；吉林与内蒙古次之，分别为65.25%和59.41%；输出比率为10%~30%的有新疆、河南、宁夏和安徽；其余4个省级行政区拟水输出比率均在10%以下，其中甘肃最小，为0.24%。

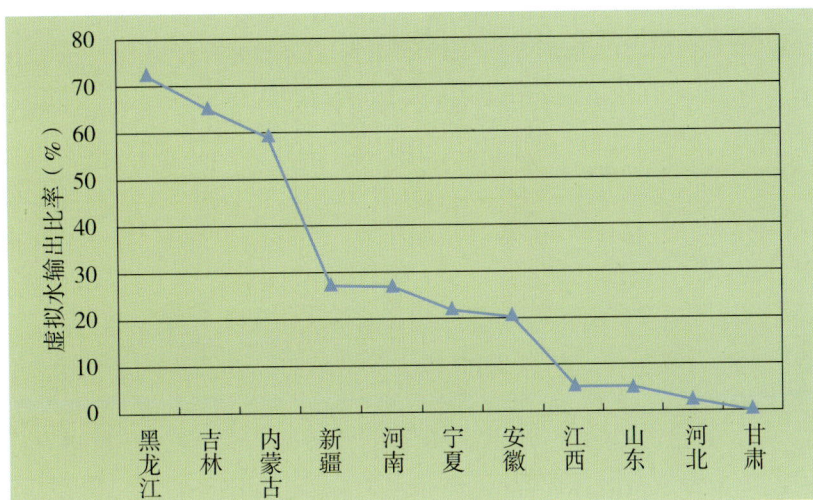

图4-4　2014年各虚拟水流出省级行政区的虚拟水输出比率

图4-5为2014年各虚拟水流入省级行政区的虚拟水输入比率（某区域输入的粮食虚拟水流量占该区域粮食消费水足迹的比重称为粮食虚拟水输入比率）。北京最大，为94.14%；上海、天津和浙江次之，分别为87.56%、75.98%和63.18%；输入比率为40%~60%的有广东、福建和青海3个省级行政区；输入比率为20%~40%的有海南、山西、陕西和西藏4个省级行政区；输入比率为10%~20%的有4个省级行政区；其余5个省级行政区均在10%以下，其中湖南最小，仅为0.13%。

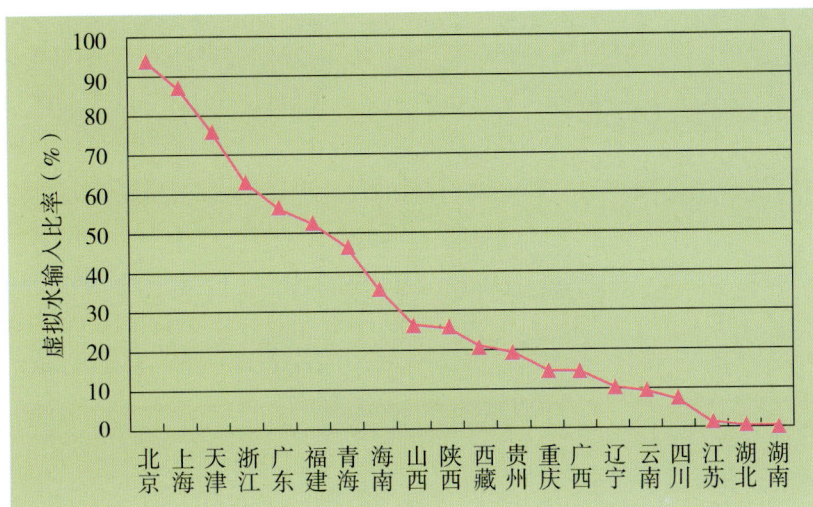

图4-5　2014年各虚拟水流入省级行政区份的虚拟水输入比率

五、产销区粮食虚拟水流动

2014年粮食主产区、平衡区和主销区的虚拟水流动如图4-6所示，主产区2014年粮食虚拟水流出量为1115.5亿m³，其中蓝水为421.9亿m³，绿水为693.6亿m³；主销区的虚拟水流入量为935.0亿m³，其中蓝水为378.0亿m³，绿水为557.0亿m³；平衡区的粮食产量也未能实现自给，粮食虚拟水调入量为180.5亿m³，其中蓝水为43.9亿m³，绿水为136.6亿m³。

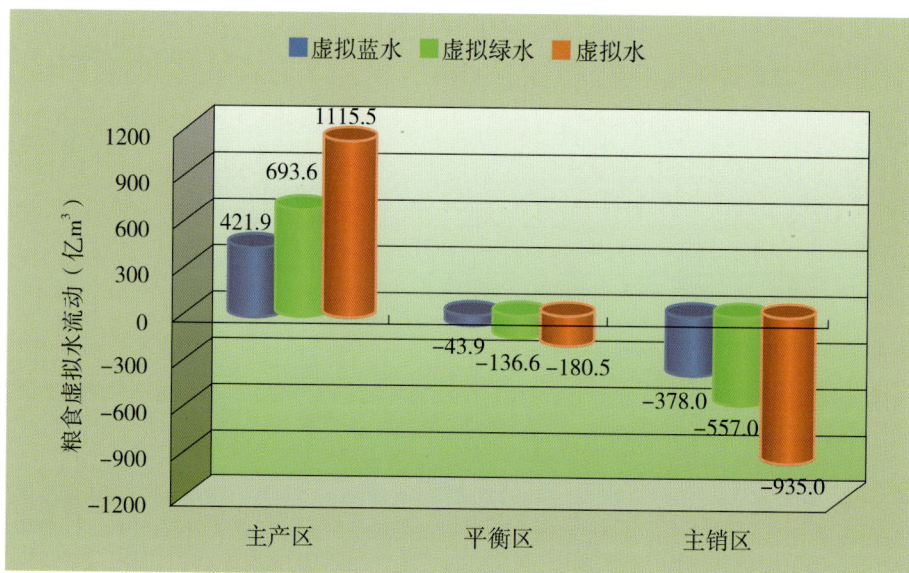

图4-6 2014年粮食主产区、平衡区及主销区粮食虚拟水流动

图4-7为2014年产销区粮食虚拟水构成情况。三个类型区虚拟水流动均以绿水为主，其中平衡区比例最大，为75.69%；主产区次之，为62.18%；主销区最小，为59.57%。

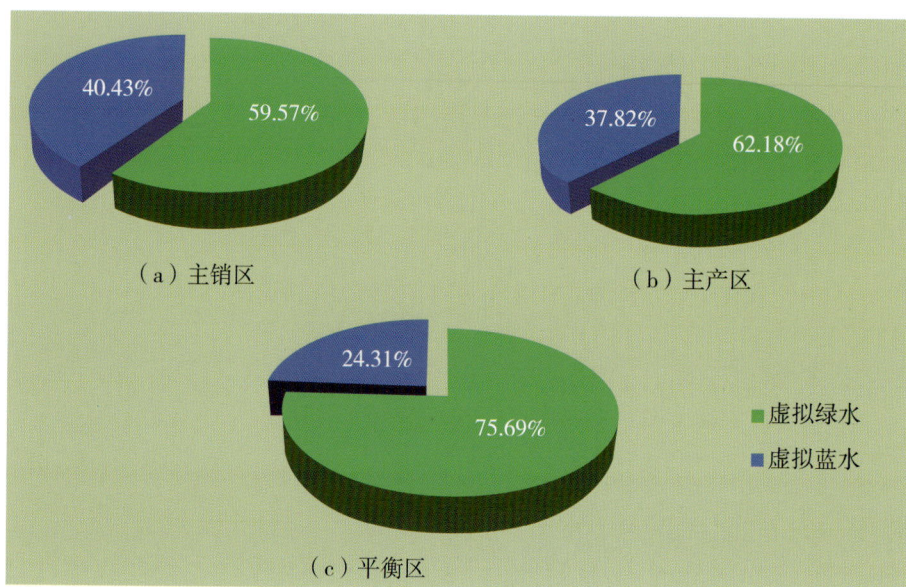

图4-7 2014年产销区粮食虚拟水构成

与2013年相比，各类型区虚拟水流动量均减少。主产区虚拟水流出量较2013年减少4.28%，其中蓝水减少1.0%，绿水减少6.16%；主销区虚拟水流入量减少2.41%，其中蓝水增加0.83%，绿水减少4.48%；平衡区虚拟水流入量减少12.92%，其中蓝水减少14.44%，绿水减少12.42%，见表4-4~表4-6。

表4-4　2014年产销区粮食虚拟水流动与2013年比较

产销区	虚拟水调动量（亿m³）		变化情况	
	2013年	2014年	变化量（亿m³）	变化率（%）
主产区	1165.3	1115.5	-49.8	-4.28
平衡区	-207.3	-180.5	26.8	-12.92
主销区	-958	-935.0	23.0	-2.41

表4-5　2014年产销区粮食虚拟蓝水流动与2013年比较

产销区	虚拟蓝水调动量（亿m³）		变化情况	
	2013年	2014年	变化量（亿m³）	变化率（%）
主产区	426.2	421.9	-4.3	-1.00
平衡区	-51.3	-43.9	7.4	-14.44
主销区	-374.9	-378.0	-3.1	0.83

表4-6　2014年产销区粮食虚拟绿水流动与2013年比较

产销区	虚拟绿水调动量（亿m³）		变化情况	
	2013年	2014年	变化量（亿m³）	变化率（%）
主产区	739.1	693.6	-45.5	-6.16
平衡区	-156.0	-136.6	19.4	-12.42
主销区	-583.1	-557.0	26.1	-4.48

第二节　区域粮食虚拟水流动

本节重点阐述2014年中国八大区域的粮食虚拟水流动情况，包括粮食虚拟水流动、虚拟蓝水流动和虚拟绿水流动，并与2013年进行比较。

一、区域虚拟水流动

如图4-8、图4-9所示，东北地区、黄淮海地区、长江中下游地区和西北地区是我国粮食虚拟水流出地区。东北地区虚拟水流出量最大，占全国的79.77%，蓝水、绿水和总虚拟水流动量分别为372.1亿m³、541.2亿m³和913.3亿m³。黄淮海地区次之，占全国的19.46%，蓝水、绿水和总虚拟水流动量分别为56.3亿m³、166.4亿m³和222.7亿m³。东北地区和黄淮海地区是我国主要的虚拟水流出区域，二者占到虚拟水流出总量的99.23%。长江中下游地区和西北地区虚拟水流出量小，二者之和仅占全国的0.77%；西北地区虚拟水输出量为1.9亿m³，但其虚拟蓝水和虚拟绿水流动方向不同，虚拟蓝水存在输出，为29.9亿m³，虚拟绿水存在输入，为28.0亿m³。

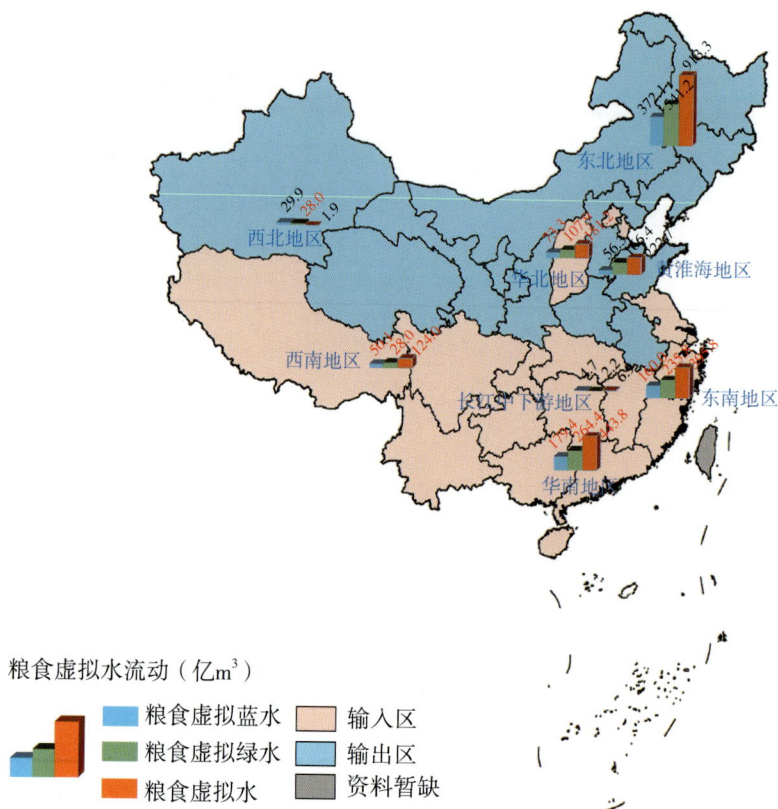

粮食虚拟水流动（亿m³）

　粮食虚拟蓝水　　输入区
　粮食虚拟绿水　　输出区
　粮食虚拟水　　　资料暂缺

（a）

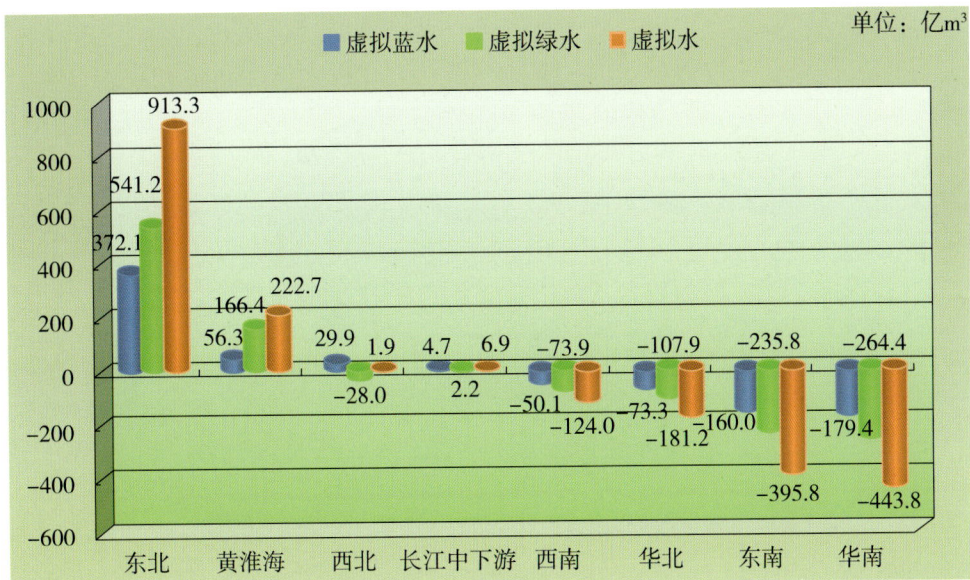

单位：亿m³

图4-8　2014年各区域粮食虚拟水流动

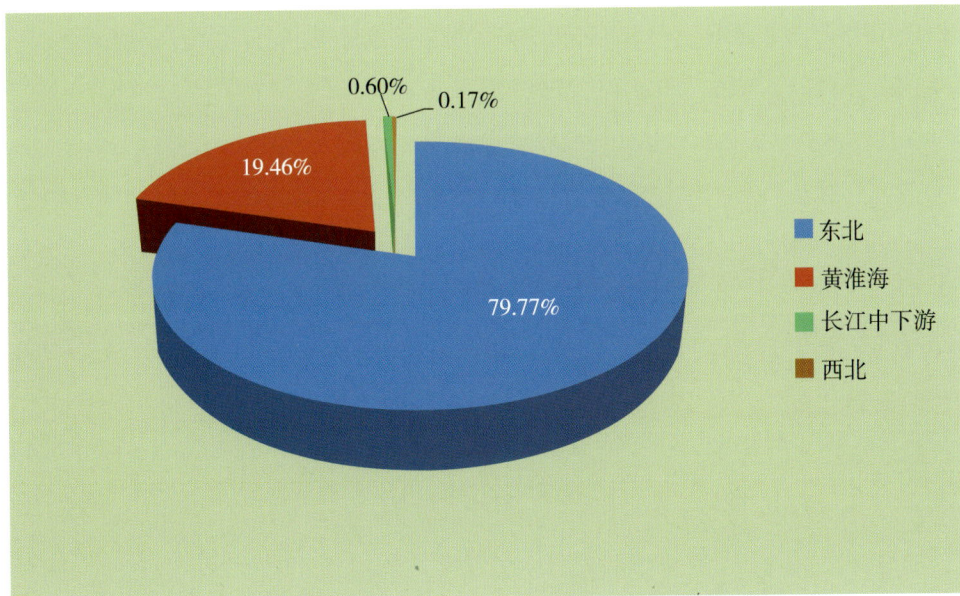

图4-9　2014年各虚拟水流出区虚拟水流动量占全国流动总量的比例

　　如图4-8和图4-10所示，华南地区、东南地区、华北地区和西南地区是虚拟水流入地区。华南地区虚拟水流入量最大，占全国的38.77%，蓝水、绿水和总虚拟水流动量分别为179.4亿m³、264.4亿m³和443.8亿m³。东南地区次之，蓝水、绿水和总虚拟水流动量分别为160.0亿m³、235.8亿m³和395.8亿m³。华南地区和东南地区是我国主要的虚拟水流入区域，二者占到虚拟水流入总量的73.35%。华北地区和西南地区的虚拟水流入量较小，其中华北地区虚拟水流入量占全国的15.82%，西南地区占全国的10.83%。

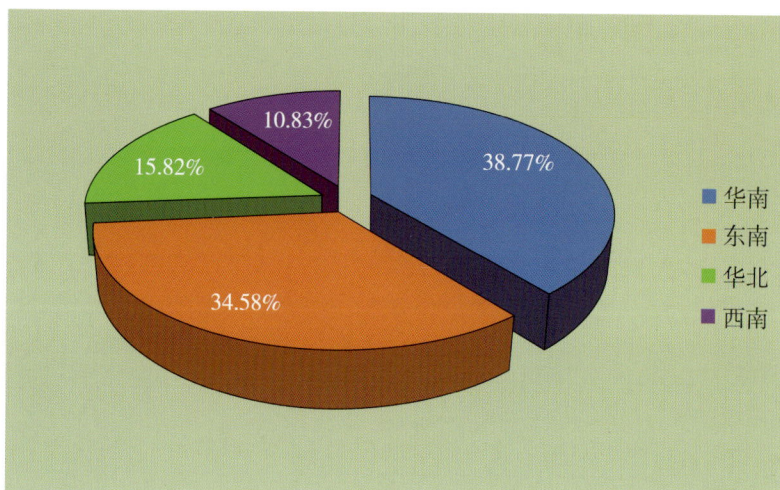

图4-10 2014年各虚拟水流入区虚拟水流动量占全国流动总量的比例

二、2014年粮食虚拟水流动与2013年的比较

表4-7为2014年各区域虚拟水流动与2013年比较。2014年4个虚拟水流出区中，黄淮海地区和西北地区流动量增加，增量分别为14.3亿m³和1.3亿m³。东北地区流出量减小，减量为78.9亿m³。长江中下游地区由2013年的虚拟水输入区转变为2014年的虚拟水输出区。

2014年4个虚拟水流入区中，除华北地区粮食虚拟水输入量略有增加外，其他区域虚拟水输入量均有所减少。华南地区减量最大，为22.2亿m³，降幅4.76%；西南地区降幅最大，为7.85%，减量10.6亿m³。

表4-7 2014年各区域虚拟水流动与2013年比较

区域名称	虚拟水流动量（亿m³）		变化情况	
	2013年	2014年	变化量（亿m³）	变化率（%）
华北	-180.2	-181.2	-1.0	0.53
东北	992.2	913.3	-78.9	-7.95
黄淮海	208.4	222.7	14.3	6.87
西北	0.6	1.9	1.3	223.53
东南	-408.9	-395.8	13.1	-3.20
长江中下游	-11.5	6.9	18.4	-159.98
华南	-466.0	-443.8	22.2	-4.76
西南	-134.6	-124.0	10.6	-7.85
全国	1201.2	1144.8	-56.4	-4.70

表4-8为2014年各区域虚拟蓝水流动与2013年比较。2014年东北地区、黄淮海地区和西北地区流出量均略有减少，其中东北地区减量最大，为8.3亿m³，降幅12.91%。长江中下游地区由2013年的虚拟蓝

水输入区转变为2014年的虚拟蓝水输出区。

2014年4个虚拟蓝水流入区中，华北地区输入量略有增加；东南地区输入量无变化；华南地区和西南地区略有减少。

表4-8 2014年各区域虚拟蓝水流动与2013年比较

区域名称	虚拟蓝水流动量（亿m³）		变化情况	
	2013年	2014年	变化量（亿m³）	变化率（%）
华北	−70.5	−73.3	−2.8	3.97
东北	373.2	372.1	−1.1	−0.31
黄淮海	64.6	56.3	−8.3	−12.91
西北	30.1	29.9	−0.2	−0.71
东南	−160.0	−160.0	0.0	0.00
长江中下游	−2.3	4.7	7.0	−304.81
华南	−182.4	−179.4	3.0	−1.64
西南	−52.7	−50.1	2.6	−4.93
全国	467.9	462.8	−5.1	−1.09

表4-9为2014年各区域虚拟绿水流动与2013年比较。2014年黄淮海地区流动量有所增加，增量为22.6亿m³，增幅15.72%；东北地区减小，减量为77.8亿m³，降幅12.56%。长江中下游地区由2013年的虚拟绿水输入区转变为2014年的虚拟绿水输出区。

2014年5个虚拟绿水流入区的流入量均有所减少，其中华南地区和东南地区减量较大，分别为19.2亿m³和13.1亿m³；其他区域减量均小于10亿m³。

表4-9 2014年各区域虚拟绿水流动与2013年比较

区域名称	虚拟绿水流动量（亿m³）		变化情况	
	2013年	2014年	变化量（亿m³）	变化率（%）
华北	−109.7	−107.9	1.8	−1.64
东北	619.0	541.2	−77.8	−12.56
黄淮海	143.8	166.4	22.6	15.72
西北	−29.5	−28.0	1.5	−5.08
东南	−248.9	−235.8	13.1	−5.27
长江中下游	−9.2	2.2	11.4	−123.78
华南	−283.6	−264.4	19.2	−6.78

区域名称	虚拟绿水流动量（亿m³）		变化情况	
	2013年	2014年	变化量（亿m³）	变化率（%）
西南	−81.9	−73.9	8.0	−9.79
全国	762.8	710.0	−52.8	−6.92

三、粮食虚拟水输出、输入比率

从图4-11可以看出，对于粮食虚拟水输出区，东北地区粮食虚拟水输出比率最大，为58.91%；黄淮海地区次之，为15.65%；长江中下游地区和西北地区较小，分别为0.50%和0.35%。对于粮食虚拟水输入区，东南地区粮食虚拟水输入比率最大，为64.46%；华北地区次之，为61.71%；

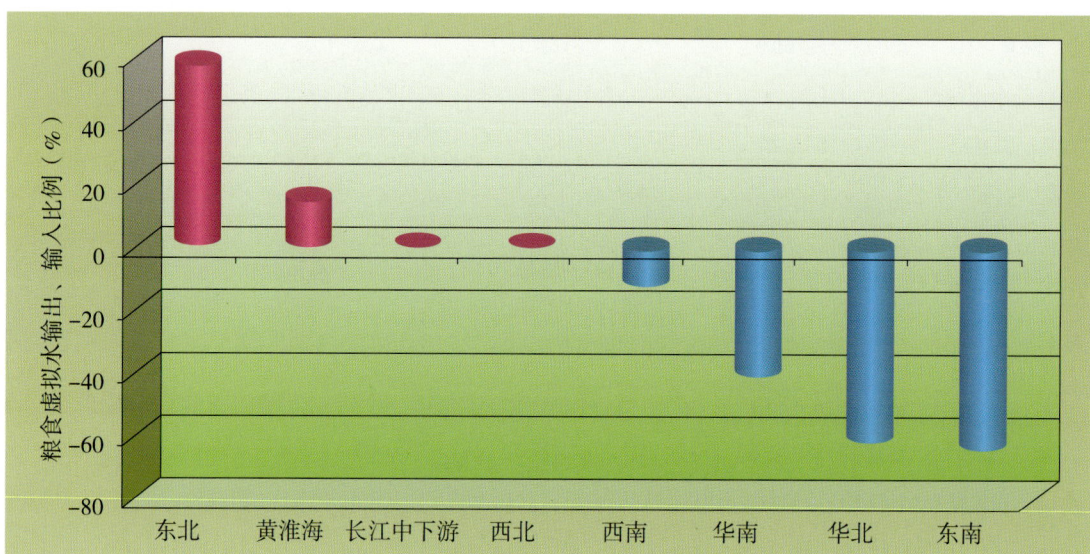

图4-11 2014年各区域粮食虚拟水输出输入比率

第三节　南北方粮食虚拟水流动

本节重点阐述2014年中国南北方的粮食虚拟水流动情况，包括粮食虚拟水流动、虚拟蓝水流动和虚拟绿水流动，并与2013年进行比较。

图4-12为2014年南北方粮食虚拟水流动情况。2014年中国北方向南方输送了867.0亿m³的粮食虚拟水，其中虚拟蓝水流动量为361.7亿m³，虚拟绿水流动量为505.3亿m³。缺水的北方地区往丰水的南方地区输送粮食虚拟水，进一步增加了北方地区的水资源压力。

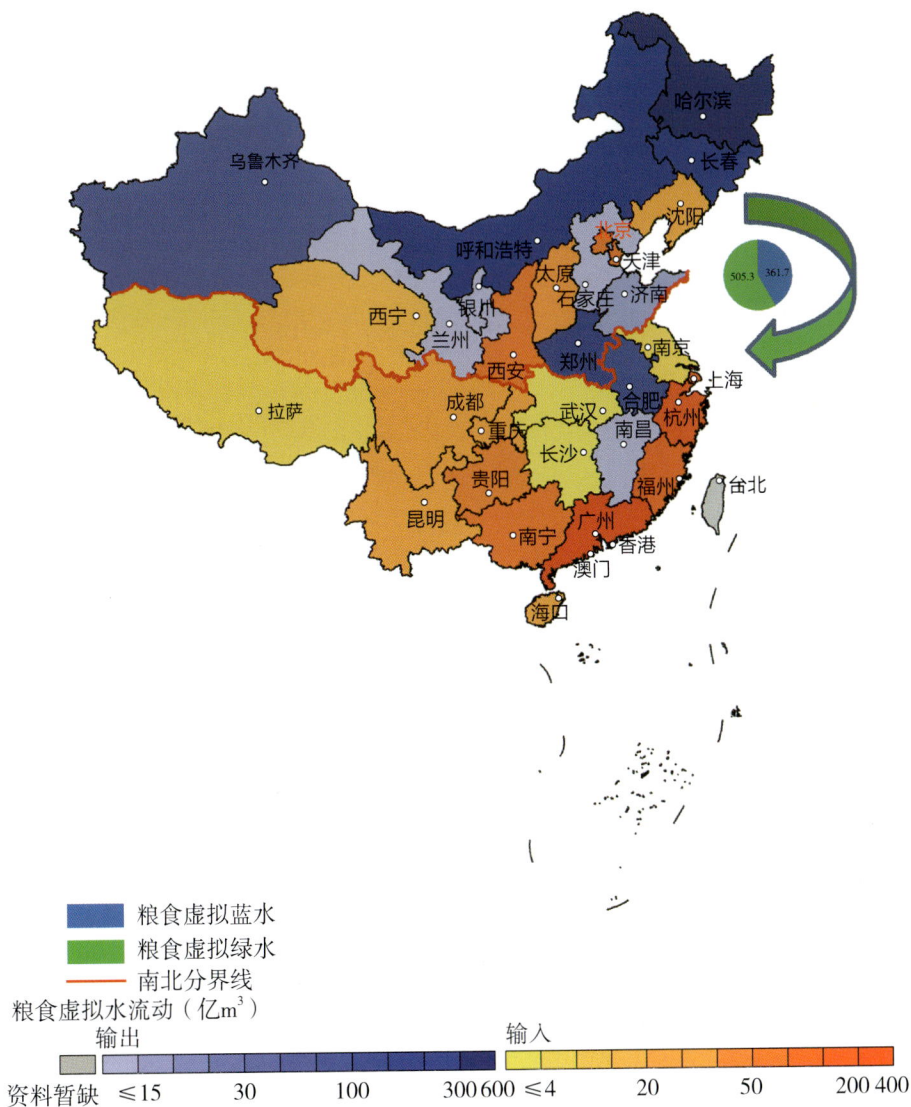

（a）

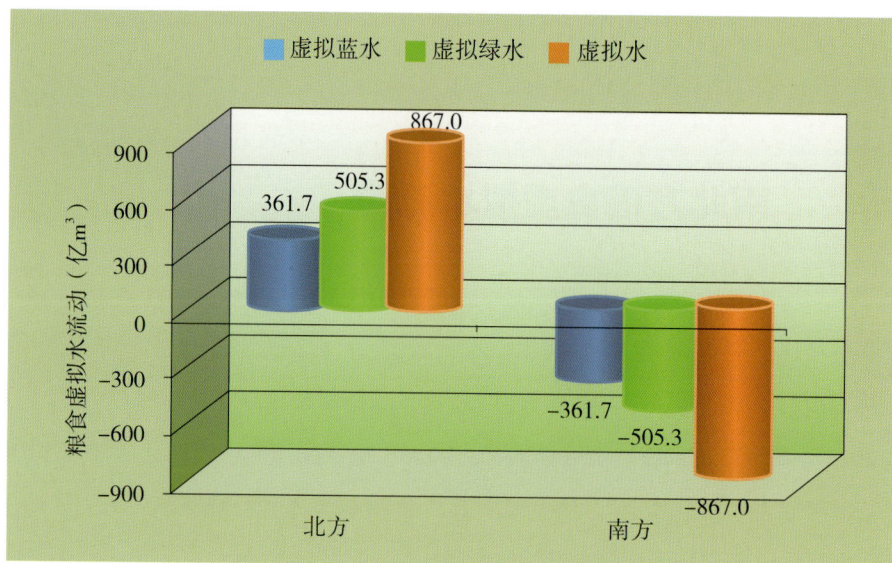

（b）

图4-12　2014年南北方粮食虚拟水流动

　　表4-10为2014年南北方粮食虚拟水流动与2013年比较。与2013年相比，2014年虚拟水流动量减少75.6亿m³，降幅8.03%。

表4-10　2014年南北方粮食虚拟水流动与2013年比较

区域名称	虚拟水流动量（亿m³）		变化情况	
	2013年	2014年	变化量（亿m³）	变化率（%）
北　方	942.6	867.0	−75.6	−8.03
南　方	−942.6	−867.0	75.6	−8.03

　　表4-11为2014年南北方粮食虚拟蓝水流动与2013年比较。与2013年相比，2014年虚拟蓝水流动量减少11.5亿m³，降幅3.07%。

表4-11　2014年南北方粮食虚拟蓝水流动与2013年比较

区域名称	虚拟蓝水流动量（亿m³）		变化情况	
	2013年	2014年	变化量（亿m³）	变化率（%）
北　方	373.2	361.7	−11.5	−3.07
南　方	−373.2	−361.7	11.5	−3.07

　　表4-12为2014年南北方粮食虚拟绿水流动与2013年比较。与2013年相比，2014年虚拟绿水流动量减少64.1亿m³，降幅11.26%。

表4-12　2014年南北方粮食虚拟绿水流动与2013年比较

区域名称	虚拟绿水流动量（亿m³）		变化情况	
	2013年	2014年	变化量（亿m³）	变化率（%）
北　方	569.4	505.3	−64.1	−11.26
南　方	−569.4	−505.3	64.1	−11.26

图4-13反映了2014年南北方粮食虚拟水输出、输入比率情况。2014年北方地区粮食虚拟水输出比率为27.04%，南方输入比率为19.44%；北方地区粮食虚拟绿水输出比率为26.98%，南方输入比率为19.53%；北方地区粮食虚拟蓝水输出比率为27.12%，南方输入比率为19.32%。

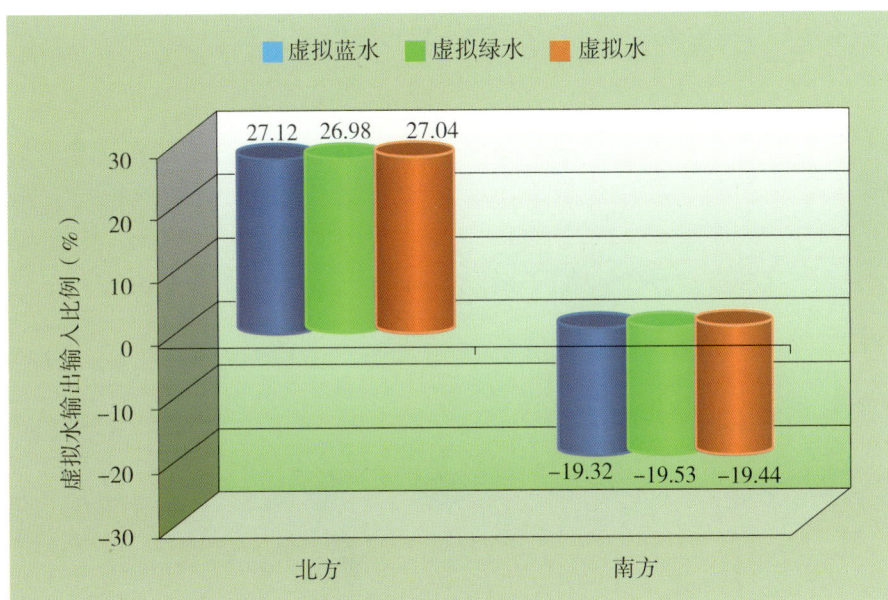

图4-13　2014年南北方粮食虚拟水输出输入比例

第五章 | 结论与思考

一、结论

本书依据农业水足迹和虚拟水的基本概念，对2014年中国粮食生产、粮食生产水足迹及虚拟水流动的空间格局进行了计算和分析，得出结论如下：

（1）粮食产量空间差异显著，粮食播种面积空间差异进一步扩大。粮食主产区粮食产量超过了全国总量的3/4，黄淮海地区和东北地区粮食产量之和超过了全国总量的1/2，北方地区的粮食产量达到全国总量的56%。与2013年相比，粮食播种面积在地域上进一步集中，其特征是主产区和北方地区的粮食播种面积所占比例进一步扩大。2014年由于主产区粮食单产有所减少，导致粮食总产量增幅低于主销区；北方地区由于粮食单产减少，粮食总产量和人均粮食占有量均有所下降，而南方地区有所增加。

（2）粮食生产水足迹空间差异明显，粮食生产水足迹和粮食水足迹均有所减少。省级行政区粮食生产水足迹最大的为2.236m³/kg，最小的为0.673m³/kg，最大值为最小值的3.3倍；主产区为1.022m³/kg，主销区为1.701m³/kg，主销区是主产区的1.7倍；八大区域中的最大值为2.071m³/kg，最小值为0.716m³/kg，最大值为最小值的2.9倍；北方地区为0.948m³/kg，南方地区为1.337m³/kg，南方是北方的1.4倍。与2013年比较，2014年全国粮食生产水足迹减少了1.06%，其中蓝水减少了0.42%，绿水减少了2.12%；粮食生产总用水量减少了3.11%，其中蓝水增加了1.56%，绿水减少了4.24%。

（3）区域之间虚拟水流动显著，经济欠发达的主产区向经济相对发达的主销区、缺水的北方地区向丰水的南方地区输出的粮食虚拟水有所减少。31个省级行政区之间虚拟水流动量达到了1243.4亿m³；粮食主产区虚拟水流出量为1115.5亿m³，主销区的虚拟水流入量为935.0亿m³；东北地区和黄淮海地区虚拟水流出量合计为1136.0亿m³，华南地区和东南地区虚拟水流入量合计为839.6亿m³；北方向南方输出867.0亿m³的粮食虚拟水。与2013年相比，主产区粮食虚拟水流出量减少4.28%，主销区虚拟水流入量减少2.41%；东北地区和黄淮海地区虚拟水流出量合计减少6.38%；北方向南方的粮食虚拟水流动量减少8.03%。

二、思考

通过以上分析，有以下几个问题值得深思：

（1）我国粮食生产不断向主产区和北方地区转移与集中，尽管该趋势有助于农产品优势区域的形成与农业产业的发展，但粮食生产在地域上的集中，有降低抵御自然灾害的风险。2014年发生在东北、黄淮等地的夏伏旱，使得辽宁由2013年的粮食输出区转变为粮食输入区，河北、内蒙古和吉林等省级行政区的粮食输出量显著下降。进一步提高粮食生产减灾抗灾能力，降低干旱、洪涝、病虫害等对粮食生产的负面影响，是当前粮食生产在地域上转移与集中过程中必须考虑的问题。

（2）生产投入能力高的经济相对发达地区和富水的南方地区农业水资源利用效率低，而经济相对落后地区和缺水的北方地区农业水资源利用效率相对较高。2014年31个省级行政区之间、八大区域之间、主销区与主产区之间、南方与北方之间的粮食生产水足迹差距显著。表现在经济相对发达地区和富水的南方地区对节水农业的发展重视程度不够，缺乏进一步发展节水农业的动力，但这些地区未来具有更大的节水潜力。这种现象应如何改变？如何提高这些地区发展节水农业的主动性？

（3）我国粮食虚拟水呈现从欠发达的主产区流向经济相对发达的主销区，由贫水的北方地区流向富水的南方地区的格局，粮食虚拟水输出给输出区带来了巨大的水资源和生态压力，而粮食价格中又未能体现水资源的价值，这种趋势对水资源、生态系统以及社会经济系统而言都是不可持续的。与2013年相比，2014年由于东北、黄淮等地的夏伏旱造成辽宁、河北、内蒙古粮食减产，产销区之间、南方与北方之间粮食调运量有所减少，但全国省级行政区之间与八大区域之间粮食调运量仍呈增长趋势。如何扭转这种趋势，对我国农业水利政策法规的制定与实施，以及经济杠杆的合理使用提出了双重考量。

三、建议

我国区域之间粮食生产水足迹差异显著，区域间粮食虚拟水流动呈现由经济落后地区向经济相对发达地区、由缺水的北方地区向丰水的南方地区流动的格局，因此应提高农业用水科学管理水平，在现有技术水平下，挖掘各区域，尤其是粮食生产水足迹较高地区的节水潜力；加强区域农业水足迹研究，建立区域农业水足迹控制标准和区域虚拟水流动调控标准，实施最严格的水资源管理制度；制定农业生产用水的水价标准和补偿标准，实施农业水生产补偿机制，调动农业节水主体（如灌区和农户）的积极性，促进农业节水。

中国粮食总产的"十一连增"并不预示着中国的粮食安全问题不重要了，相反，随着我国人口增长、社会经济的发展、生活水平的提高以及生物能源需求的增长，未来我国粮食安全问题将越来越突出。2014年中央1号文件明确指出："以我为主、立足国内、确保产能、适度进口、科技支撑的国家粮食安全战略。任何时候都不能放松国内粮食生产，严守耕地保护红线，划定永久基本农田，不断提升农业综合生产能力，确保谷物基本自给、口粮绝对安全。更加积极地利用国际农产品市场和农业资源，有效调剂和补充国内粮食供给。在重视粮食数量的同时，更加注重品质和质量安全；在保障当期供给的同时，更加注重农业可持续发展。加大力度落实'米袋子'省长负责制，进一步明确中央和地方的粮食安全责任与分工，主销区也要确立粮食面积底线、保证一定的口粮自给率。增强全社会节粮意识，在生产流通消费全程推广节粮减损设施和技术。"

加强水足迹的研究，对于保障中国粮食安全、战略水安全和生态安全具有重要意义。水足迹工具将物理形态与虚拟形式的水有机联系在一起，从产品供应链上全面测度人类社会生产或消费所引起的水资源消耗与污染。水足迹与虚拟水工具的有机结合，打破了传统水资源的流域管理界限，将传统水资源管理理念与方法拓展和延伸到全球范围，即水资源全球化。水足迹作为生态足迹、碳足迹、水足迹和能量足迹等足迹家庭的一员，可以提高公众对于人类社会强加给自然资源和生态环境压力的意识，帮助全面评估伴随资源消耗和废物排放引起的环境问题，为政策决策者提供复杂环境问题的完整蓝图，可在国家尺度上制定可持续政策，并为多边协议促进全球可持续提供视角。

"水足迹"一词自2002年提出后，在国际上便得到了较为广泛的应用。荷兰、西班牙、美国等国家均对自己国家的内、外部水足迹进行了详尽的评估，而国内的相关研究较少，部分研究甚至借用国外学者在全球尺度上关于中国部分的研究成果。究其原因，主要是国内诸多学者尚未接受水足迹理念。笔者将水足迹理念与方法应用到节水农业与农业水资源管理领域，认为水足迹指标较以往的水分生产率、灌溉水利用系数等指标，更适于评价粮食生产的水分综合利用效率，量度水资源的综合占用、消耗、转移和消费，以及由此引起的水资源压力。相信，随着水足迹研究的深入开展，其创新性的理念与特有的研究工具或将为我国实施最严格的水资源管理制度提供重要的理论基础与技术支持，并为保障中国粮食安全发挥重要的作用。

附　录

一、基本概念

1. 蓝水资源（Blue Water Resource）：某一地区内一定时期可供人类社会经济发展和生态环境利用的地表水和地下水资源数量，m³。

2. 绿水资源（Green Water Resource）：某一地区内一定时期由降水直接形成的土壤水并以蒸发蒸腾的形式为植被所利用的数量，m³。

3. 水足迹（Water Footprint）：任何已知人口（如国家、地区或者个人）在一定时期内（一般是1年）因生产或消费产品和服务所消耗的水资源（包括蓝水和绿水）数量，m³。

4. 蓝水足迹（Blue Water Footprint）：任何已知人口（如国家、地区或者个人）在一定时期内（一般是1年）因生产或消费产品和服务所消耗的蓝水资源数量，m³。

5. 绿水足迹（Green Water Footprint）：任何已知人口（如国家、地区或者个人）在一定时期内（一般是1年）因生产或消费产品和服务所消耗的绿水资源数量，m³。

6. 农业水足迹（Agricultural Water Footprint）：任何已知人口（如国家、地区或者个人）在一定时期内（一般是1年）因生产或消费初级农产品所消耗的水资源（包括蓝水和绿水）数量，m³。

7. 作物水足迹（Crop Water Footprint）：任何已知人口（如国家、地区或者个人）在一定时期内（一般是1年）因生产或消费某种作物产品所消耗的水资源（包括蓝水和绿水）数量，m³。

8. 作物蓝水足迹（Crop Blue Water Footprint）：任何已知人口（如国家、地区或者个人）在一定时期内（一般是1年）因生产或消费某种作物产品所消耗的蓝水资源数量，m³。

9. 作物绿水足迹（Crop Green Water Footprint）：任何已知人口（如国家、地区或者个人）在一定时期内（一般是1年）因生产或消费某种作物产品所消耗的绿水资源数量，m³。

10. 作物生产水足迹（Water Footprint of Crop Product）：生产单位经济产量某种作物产品所消耗的水资源数量，m³/kg。

11. 作物生产蓝水足迹（Blue Water Footprint of Crop Product）：生产单位经济产量某种作物产品所消耗的蓝水资源数量，m³/kg。

12. 作物生产绿水足迹（Green Water Footprint of Crop Product）：生产单位经济产量某种作物产品所消耗的绿水资源数量，m³/kg。

13. 粮食水足迹（Grain Water Footprint）：某一地区内一定时期（一般是1年）因生产粮食产品所消耗的水资源（包括蓝水和绿水）数量，m³。

14. 粮食蓝水足迹（Grain Blue Water Footprint）：某一地区内一定时期（一般是1年）因生产粮食产品所消耗的蓝水资源数量，m³。

15. 粮食绿水足迹（Grain Green Water Footprint）：某一地区内一定时期（一般是1年）因生产粮食

产品所消耗的绿水资源数量，m^3。

16．粮食生产水足迹（Water Footprint of Grain Product）：生产单位质量粮食所消耗的水资源数量，m^3/kg。

17．粮食生产蓝水足迹（Blue Water Footprint of Grain Product）：生产单位质量粮食所消耗的蓝水资源数量，m^3/kg。

18．粮食生产绿水足迹（Green Water Footprint of Grain Product）：生产单位质量粮食所消耗的绿水资源数量，m^3/kg。

19．粮食消费水足迹（Water Footprint of Grain Consumption）：某一地区内一定时期（一般是1年）因消费粮食产品所消耗的水资源（包括蓝水和绿水）数量，m^3。

20．虚拟水（Virtual Water）：凝结在商品或服务中的水资源（包括蓝水和绿水）数量。

21．虚拟水流动（Virtual Water Flows）：因产品调运所引起的"内嵌"于产品中以虚拟水形式存在的水资源在不同区域间的转移和流动。

22．区域内部水足迹（Internal Water Footprint）：某一地区内一定时期（一般是1年）消费的产品和服务中使用当地水资源（包括蓝水和绿水）的数量，m^3。

23．区域外部水足迹（External Water Footprint）：某一地区内一定时期（一般是1年）消费的产品和服务中使用通过虚拟水贸易由其他地区输入的水资源（包括蓝水和绿水）数量，m^3。

二、计算方法

（一）研究对象与研究区域

本书中的粮食作物指的是谷物、豆类和薯类，其中谷物包括稻谷、小麦、玉米、谷子、高粱以及其他谷类（大麦、燕麦、荞麦等）；豆类包括大豆、绿豆、小红豆等；薯类包括马铃薯、甘薯等。书中的农作物，包括粮食作物以及油料、棉花、麻类、糖料、烟叶、蔬菜、果园、茶园等经济作物。

本书空间分析选择了省级行政区、产销区、八大区域和南北方地区4个尺度。

本书中的省级行政区指中国31个省级行政区，因数据原因，本书未涉及香港特别行政区、澳门特别行政区和台湾省。

产销区系根据粮食产销特征，将中国31个省级行政区划分为粮食主产区、平衡区和主销区。其中，主产区包括内蒙古、辽宁、吉林、黑龙江、河北、河南、山东、安徽、江苏、湖北、湖南、江西和四川13个省级行政区；主销区包括北京、天津、上海、浙江、福建、广东和海南7个省级行政区；平衡区包括山西、陕西、甘肃、青海、宁夏、新疆、广西、重庆、贵州、云南和西藏11个省级行政区。

八大区域系根据地理位置、自然条件、农业生产的相似特征，将31个省级行政区划分为八个区域，分别为华北地区（包括北京、天津和山西）、东北地区（包括内蒙古、辽宁、吉林和黑龙江）、黄淮海地区（包括河北、河南、山东和安徽）、西北地区（包括陕西、甘肃、青海、宁夏和新疆）、东南地区（包括上海、浙江和福建）、长江中下游地区（包括江苏、江西、湖南和湖北）、华南地区（包括广东、广西和海南）、西南地区（包括四川、重庆、贵州、云南和西藏）。

南北方地区根据各省级行政区的地理位置、气候条件、水资源特征等属性差异，并参照中国南北方分界线，将31个省级行政区分别划分为北方地区和南方地区，其中北方地区包括北京、天津、内蒙古、新疆、河北、甘肃、宁夏、山西、陕西、青海、山东、河南、辽宁、吉林及黑龙江15个省级行政区；南方地区包括江苏、浙江、安徽、上海、湖北、湖南、四川、重庆、贵州、云南、广西、江西、福建、广东、海南及西藏16个省级行政区。

（二）粮食生产水足迹的计算

各省级行政区粮食生产水足迹为：

$$WF_i^G = \frac{W_i^g + W_i^b}{G_i} \tag{1}$$

式中　WF_i^G——第i省级行政区的粮食生产水足迹，m³/kg；

W_i^g、W_i^b——第i省级行政区粮食生产过程中绿水、蓝水的消耗量，m³；

G_i——第i省区粮食总产量，kg。

W_i^g为粮食作物生长期的有效降水量（当有效降水量大于同期作物需水量时，应将有效降水量换成作物需水量计算）与对应耕地面积的乘积，即：

$$W_i^g = \frac{10^5 P_i^e S_i^G}{\lambda_i^G} \tag{2}$$

式中　λ_i^G——第i省级行政区的粮食复种指数；

S_i^G——第i省级行政区粮食播种面积，万hm²；

P_i^e——第i省级行政区有效降水量，mm。

采用位于全国各省级行政区农业区的共计340个气象站点逐旬降水量数据，以及180个农业观测台站观测的小麦、玉米、水稻和大豆的生育期多年平均值数据。将同一省级行政区、同一时段内各站点相同旬降水量的算术平均值作为该省级行政区该时段的逐旬降水量值。采用美国农业部土壤保持局推荐、当前得到公认和普遍推荐的方法计算各省级行政区粮食生长期的有效降水量，其计算公式为：

$$当P<83，P_e = \frac{P(4.17-0.02P)}{4.17} \tag{3}$$

$$当P\geqslant83，P_e = 41.7+0.1P \tag{4}$$

式中　P、P_e——旬降水量和旬有效降水量，mm。

W_i^b为各省级行政区的粮食单位面积灌溉用水量IR_i^G和粮食灌溉面积$S_{i,IR}^G$的乘积。即：

$$W_i^b = IR_i^G S_{i,IR}^G \tag{5}$$

$$S_{i,IR}^G = \frac{S_{i,IR} S_i^G}{S_i} \tag{6}$$

式中　$S_{i,IR}$——各省级行政区的灌溉面积（有效灌溉面积），万hm²；

S_i^G、S_i——第i省级行政区粮食播种面积和作物总播种面积，万hm²。

IR_i^G的计算式为：

$$IR_i^G = \frac{IR_i S_i}{S_i^G + \alpha_i S_i^E} \qquad (7)$$

式中　IR_i——第i省级行政的平均单位面积灌溉用水量，mm；

S_i^E——其他作物（以经济作物为主，包括棉花、油料、麻类、糖料、烟叶及蔬菜，未计入果园和茶园面积）的播种面积，万hm²；

α_i——该省级行政区的经济作物与粮食作物综合灌溉定额比。

$$\alpha_i = \frac{IR_i^{E,0}}{IR_i^{G,0}} \qquad (8)$$

式中　$R_i^{G,0}$、$IR_i^{E,0}$——第i省级行政区粮食、经济作物的综合灌溉定额，由各类主要粮食和经济作物的灌溉定额按播种面积加权计算。

（三）虚拟水流动量的计算

粮食调运量的计算。空间粮食产需的不匹配是虚拟水流动的原动力，各省区粮食调运量的计算式为：

$$G_i' = G_i - P_i \frac{G_N}{P_N} \qquad (9)$$

式中　P_N——全国人口，万人；

G_N——粮食总产量，万t；

G_i、G_i'——第i省级行政区的粮食生产量和调运量，万t，当$G_i' > 0$时表示输出，当$G_i' < 0$时表示输入，当$G_i' = 0$时表示无调运；

P_i——第i省级行政的人口数量，万人。

粮食消费按公平原则向公民平均分配，人均粮食占有量高于全国平均值的省级行政区将输出粮食以达到全国人均实际消费量一致；因为中国粮食自给率近60年来基本维持在95%以上，粮食的进出口对区域间虚拟水流动影响不大，故不考虑中国粮食的进出口。

某一省级行政区虚拟水流动量的计算：由于粮食调运的方向无法获得，这里假定粮食输入省区获得来自各输出省区粮食的机会均等。

$$当 G_i' > 0 \qquad VW_i = \frac{G_i' WF_i^G}{10} \qquad (10)$$

$$当 G_i' < 0 \qquad VW_i = \frac{G_i' WF_O^G}{10} \qquad (11)$$

式中　VW_i——第i省级行政区虚拟水流动量，与G_{ji}'同符号与方向，亿m³；

WF_i^G——第i省级行政区的粮食生产水足迹，kg/m³；

WF_O^G——作为输出的那部分粮食生产水足迹，由各粮食输出省区的粮食生产水足迹对相应省区的粮食输出量的加权得到。

三、主要数据来源

31个省级行政区的粮食产量、粮食播种面积、其他农作物播种面积、有效灌溉面积和人口数量等数据引自《中国统计年鉴2014》和《中国统计年鉴2015》。

全国主要气象站点降水量数据引自中国气象科学数据共享服务网（http://cdc.cma.gov.cn/index.jsp）。

农业用水量、灌溉定额等数据引自《中国水资源公报2013》《中国水资源公报2014》《中国水利年鉴2014》《中国水利统计年鉴2014》和《中国水利统计年鉴2015》，各省级行政区的水资源公报以及其他相关文献资料。

主要参考文献

［1］中华人民共和国国家统计局，2015．中国统计年鉴2015［M］．北京：中国统计出版社．

［2］中华人民共和国国家统计局，2014．中国统计年鉴2014［M］．北京：中国统计出版社．

［3］中华人民共和国水利部，2014．中国水利年鉴2014［M］．北京：中国水利水电出版社．

［4］中华人民共和国水利部，2015．中国水资源公报2014［M］．北京：中国水利水电出版社．

［5］中华人民共和国水利部，2014．中国水资源公报2013［M］．北京：中国水利水电出版社．

［6］中华人民共和国水利部，2015．中国水利统计年鉴2015［M］．北京：中国水利水电出版社．

［7］中华人民共和国水利部，2014．中国水利统计年鉴2014［M］．北京：中国水利水电出版社．

［8］吴普特，王玉宝，赵西宁，2015．2013中国粮食生产水足迹与区域虚拟水流动报告［M］．北京：中国农业出版社．

［9］吴普特，王玉宝，赵西宁，2014．2012中国粮食生产水足迹与区域虚拟水流动报告［M］．北京：中国农业出版社．

［10］吴普特，王玉宝，赵西宁，2013．2011中国粮食生产水足迹与区域虚拟水流动报告［M］．北京：中国水利水电出版社．

［11］吴普特，王玉宝，赵西宁，2012．2010中国粮食生产水足迹与区域虚拟水流动报告［M］．北京：中国水利水电出版社．

［12］中华人民共和国农业部，2011．全国种植业发展第十二个五年规划［J］．中华人民共和国农业部公报，（10）：12-23．

［13］汪志农，2009．灌溉排水工程学［M］．北京：中国农业出版社．

［14］吴普特，赵西宁，操信春，等，2010．中国"农业北水南调虚拟工程"现状及思考［J］．农业工程学报，26（6）：1-6．

［15］马静，汪党献，Hoekstra A. Y，2004．虚拟水贸易与跨流域调水［J］．中国水利，（13）：37-39．

［16］Petra Doll, Stefan Siebert, 2002. Global modeling of irrigationwater requirements [J]. Water Resources Research, 38（4）：1-8．

［17］Arjen Y. Hoekstra, Ashok K. Chapagain, Maite M. Aldaya, Mesfin M. Mekonnen， 2011. The water footprint assessment manual: Setting the global standard [M]. London: Earthscan.

［18］Mesfin M. Mekonnen, Arjen Y. Hoekstra, 2010. The green，blue and grey water footprint of crops and derived crop products [R]. Delft，The Netherlands: UNESCO-IHE Institute for Water Education.

［19］Arjen Y. Hoekstra, Ashok K. Chapagain, 2008. Globalization of Water: Sharing the Planet's Freshwater Resources [M]. USA: Wiley-Blackwell.

［20］Ashok K. Chapagain, Arjen Y. Hoekstra, H. H. G. Savenije, 2006. Water saving through international trade of agricultural products [J]. Hydrology and Earth System Sciences, 10（3）：455-468．

图书在版编目（CIP）数据

2014中国粮食生产水足迹与区域虚拟水流动报告 /
吴普特，王玉宝，赵西宁著. —北京：中国农业出版社，
2016.9
ISBN 978-7-109-22041-6

Ⅰ.①2⋯　Ⅱ.①吴⋯②王⋯③赵⋯　Ⅲ.①粮食—
生产—水资源管理—研究报告—中国—2014　Ⅳ.
①F326.11

中国版本图书馆CIP数据核字（2016）第203898号

中国农业出版社出版
（北京市朝阳区麦子店街18号楼）
（邮政编码　100125）
责任编辑　刘博浩　程　燕

中国农业出版社印刷厂印刷　新华书店北京发行所发行
2016年9月第1版　2016年9月北京第1次印刷

开本：889mm×1194mm　1/16　印张：7.25
字数：180千字
定价：58.00元
（凡本版图书出现印刷、装订错误，请向出版社发行部调换）